乡村音乐教师成长发展
支持服务实践研究

郭晓彤 著

汕头大学出版社

图书在版编目（CIP）数据

乡村音乐教师成长发展支持服务实践研究 / 郭晓彤著. -- 汕头：汕头大学出版社，2023.4
ISBN 978-7-5658-5004-2

Ⅰ.①乡… Ⅱ.①郭… Ⅲ.①农村－音乐课－师资培养－研究 Ⅳ.①G633.951.2

中国国家版本馆CIP数据核字(2023)第073823号

乡村音乐教师成长发展支持服务实践研究
XIANGCUN YINYUE JIAOSHI CHENGZHANG FAZHAN ZHICHI FUWU SHIJIAN YANJIU

作　　者：	郭晓彤
责任编辑：	陈　莹
责任技编：	黄东生
封面设计：	古　利
出版发行：	汕头大学出版社
	广东省汕头市大学路243号汕头大学校园内　邮政编码：515063
电　　话：	0754-82904613
印　　刷：	廊坊市海涛印刷有限公司
开　　本：	710mm×1000 mm　1/16
印　　张：	10.75
字　　数：	160千字
版　　次：	2023年4月第1版
印　　次：	2023年6月第1次印刷
定　　价：	68.00元

ISBN 978-7-5658-5004-2

版权所有，翻版必究

如发现印装质量问题，请与承印厂联系退换

前言

音乐艺术的形式特征，使其在艺术家族中具有特殊功能和价值。可以说，音乐是最易于与其他姊妹艺术相融合，生成新艺术表现形式（如舞蹈、戏剧、戏曲、影视等）的"原生性"艺术。音乐单独或与姊妹艺术融合共生，产生出无比丰富多样的艺术样式，使其具有各类艺术产品应用的普遍性，渗透于社会生活的各个层面，密切伴随人类的精神文化生活。由此，作为听觉艺术的音乐，与作为视觉艺术典型代表的美术，最早进入教育资源及发展水平均有限的国民教育课程体系中就是很自然的了。

音乐教师群体，必须清醒地把握自己的学科特点，认识到教学中必要的音乐知识、技能的学习和应达到的标准，是培育和提升学生音乐课程核心素养的基础和必经路径。我们之所以被称为"音乐教师"，就是因为大家拥有音乐艺术领域的"一技之长"，这是要经过相当长时间、花费相当多精力的专心学习、刻苦修炼，方可逐步积累、不断提升的。可以说，音乐知识与技能及相关人文修养，以及音乐与姊妹艺术融合共生、互补兼容的学科特点，是音乐教师的专业本色，是音乐教师学科地位不可取代的根基。这也是我们当下必能自如应对《义务教育艺术课程标准》（2022年版）变动带来的挑战的信心和底气。

教师队伍建设是实现教育现代化的关键，乡村学校音乐教育是乡村学校教育的重要组成部分，乡村音乐教师队伍的建设，直接影响乡村音乐教育的发展。音乐是个人全面素质的主要组成部分，受全球各国关注，我国在进入新世纪后，国民经济得到进一步发展，国家对于国民综合素质教育的重视也逐年增强。从可持续发展角度而言，中小学生是国家发展、民族复兴的未来，其综合素质得到发展，能够展现出国家综合实力，我国所实施的强国强民政策，也需要不断提升学生综合素质，而音乐教学是素质教学中的重要组成部分。近年来随着我国音乐教育有序发展，社会各界对音乐教育的过程和结果也不断重视，但与此同时，在应试教育压力下，民众对于音乐教育的实

际支持并不多，特别是我国乡村地区。根据我国统计局所披露的相关数据，截至2022年，我国乡村人口已达509787562人，占全国人口的36.11%。由此可见，乡村音乐教育质量直接影响全国音乐教育质量，从整体角度而言，乡村教育水准直接影响国民素质。

全国素质教育的实施以及音乐新课标在各中小学音乐课程中的应用，大大推动了音乐教育事业的发展，但部分地区的音乐教育事业依然没有得到改善，尤其是偏远乡村地区，与全国相比，处于落后状态。乡村音乐教育发展不均衡主要原因有二。第一，师资力量薄弱。目前大部分乡村地区的师资都是专科毕业，本科学历的教师相对较少，且都是一人兼多科教学或并非本专业专职教师教学，有硕士学位的教师寥寥无几，这样的师资情况使得乡村音乐教育的发展得不到提高。第二，音乐教师专业能力堪忧。很多音乐教师对最基本的乐理知识都无法掌握，更别说专业知识与专业技能。教龄较长的教师对信息收集与多媒体设备的使用较少，导致学生的知识面极为有限。乡村音乐教师要回归教育的本质从中找到符合自己发展的突破点，以此来提高自身的专业素养。乡村音乐教师是乡村音乐教育改革和发展的中流砥柱，在乡村教育资源有限、教师力量薄弱的情况下，提升乡村音乐教师专业素养，促进乡村音乐教师专业发展，显得尤为重要。

鉴于此，笔者撰写了《乡村音乐教师成长发展支持服务实践研究》一书，本书阐述了乡村音乐教师发展的基本理论、乡村教师专业发展的内容、新课标下乡村音乐教师音乐专业素养、乡村音乐教师培训问题及其完善路径、乡村音乐教师专业认同的重建、乡村音乐教师成长发展支持服务体系的构建。

笔者在撰写本书的过程中，借鉴了许多专家和学者的研究成果，在此表示衷心感谢。本书研究的课题涉及的内容十分宽泛，尽管笔者在写作过程中力求完美，但仍难免存在疏漏，恳请各位专家批评指正。

目 录

第一章 乡村音乐教师发展的基本理论 ……………………………… 1
  第一节 音乐教师专业发展概述 ………………………………… 1
  第二节 乡村教师专业发展的主要特征 ………………………… 21
  第三节 乡村教师专业发展的维度 ……………………………… 27

第二章 乡村教师专业发展的内容研究 ……………………………… 48
  第一节 乡村教师的专业情义 …………………………………… 48
  第二节 乡村教师的专业知识 …………………………………… 54
  第三节 乡村教师的专业能力 …………………………………… 58

第三章 新课标下乡村音乐教师音乐专业素养 ……………………… 61
  第一节 新课标下音乐教师音乐专业素养的构成及其标准 …… 61
  第二节 部分乡村音乐教师的音乐专业素养现状 ……………… 76
  第三节 提升乡村音乐教师音乐专业素养的有效策略 ………… 82

第四章 乡村音乐教师培训问题及其完善路径 ……………………… 91
  第一节 部分乡村音乐教师培训问题 …………………………… 91
  第二节 乡村音乐教师培训的完善路径 ………………………… 101

第五章 乡村音乐教师专业认同的重建 ……………………………… 116
  第一节 音乐教师专业认同的定义、特点与分类 ……………… 116
  第二节 乡村音乐教师专业认同重建的必要性 ………………… 119
  第三节 乡村音乐教师专业认同重建的策略 …………………… 126

第六章　乡村音乐教师成长发展支持服务体系的构建 ……………… 131

第一节　教育主管部门层面 ……………………………………… 131
第二节　学校层面 ………………………………………………… 133
第三节　音乐教师层面 …………………………………………… 137
第四节　培训主体层面 …………………………………………… 142

结束语 ………………………………………………………………… 151

参考文献 ……………………………………………………………… 155

附录一 ………………………………………………………………… 160

附录二 ………………………………………………………………… 160

第一章 乡村音乐教师发展的基本理论

第一节 音乐教师专业发展概述

一、专业的界定与标准

(一) 专业的界定

专业（Profession）一词从拉丁语演化而来，原始的意思是公开地表达自己的观点或信仰，与之相对的是行业，是一个充满歧义的概念，包含着中世纪手工行会所保留的、对其行业的专门知识和技能控制，即只传授给本门派的人的神秘色彩。德语中"专业"一词是"beruf"，其含义较丰富，认为某项社会职业需具备学术的、自由的和文明的三方面的条件，才能被认为是合格的专业。汉语中的专业指"专门从事某种学业或职业"和"专门的学问"两层意思。显然，借助词典并不会给我们带来多大的帮助，专业的内涵并非语义学所能解释。毕竟它是一个社会学的概念，社会学家们的研究却丰富得多，并且更注重于专业本质特征的揭示。有关专业的界定标准，在历史上曾有过多种多样的表述。凯尔·桑德斯（A.M.Carr-Saunders）首次为这一术语作出解释：专业是指一群人在从事一种需要专门技术的职业，这种职业需要特殊的智力来培养和完成，其目的在于提供专门性的社会服务。近代西方哲学家怀特海（A.N.Whitehead）认为，专业是一种行业，其活动有理论的根据、有科学的研究，可以验证，并且能从理论分析与科学验证中积累知识来促进这个行业的活动。

利伯曼（M.Lieberman）的定义曾在国际教育界一度盛行，这一定义对"专业"提出了八项基本条件：①范围明确，垄断地从事于社会不可缺少的工作；②运用高度的理智性技术；③需要长期的专业教育；④从事者无论是个人、集体均具有广泛的自律性；⑤专业的自律性范围内，直接负有作出判

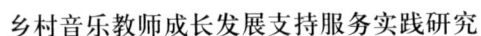

断、采取行动的责任；⑥非营利，以服务为动机；⑦形成了综合性的自治性组织；⑧拥有应有方式具体化了的伦理纲领。

教育学的"学科专业"中的"专业"含义主要是指高等教育根据社会专业分工需要而设置的学科门类。一个学科专业的设置就是组织一整套学科来培养一种专门人才，主要是使他们以后能够从事相关的专门性工作。汉语语义学中的"专业"含义是"专门从事某种学业或职业"和"专门的学问"的含义，与教育学的"学科专业"中的"专业"含义相近。

专业是社会分工、职业分化的结果，是社会的一种表现形式，是人类认识自然和社会达到一定深度的表现。人类之初虽有社会分工，但未成为专业，因为那时分工基本上是自然分工，不同职业之间没有严格的技术上的分工。早期的专业是在工匠对技艺的长期琢磨的基础上形成的，而现代专业则通过高、中等专门教育而养成。凯尔·桑德斯指出，传统上最古老而典型的三大专业是牧师、医生和律师，它们有一个可追溯到13世纪由中世纪欧洲大学孵育而成长的结盟。然而，至少直到18、19世纪，当资本主义工业化的职业结构在英国和稍后的美国进一步发展时，重组或新形成的中产阶级职业进行了不懈努力，一些知识含量较高的职业才开始承载特定的"专业"意蕴，取得了专业称号，如律师、牧师、医师、教师、工程师、化学师、会计师、社会工作者、经理（厂长）、商务专家，等等。

美国19世纪下半叶是社会转变的关键时期，从农业社会到工业社会的转变和企业式商业的兴起，是美国历史耳熟能详的主题。这一时期"足具重新定义美国文化的能力，那就是专业这一概念的发明"。由柔软体操到家居建筑，以至宗教崇拜，每一学科都成了"科学"。使史学家注目的是这一时代的人热衷于把由生到死的个体生命体验，都承载到孤立的不同学科中。如此对科学的倚重，更与近乎着魔的社会操控结合起来，短短几十年间重塑了整个美国的生活方式。当时的《保健新闻》《妇女家居期刊》《科学美国》等影响力很大的刊物都循循善诱，教导其读者成为"专业人士"。进入20世纪，专业人员的数量和称为专业的职业同步增长，新的专业不断出现。20世纪初，纽约州立大学将牙医、兽医、药剂师、会计师列入专业。1933年被承认的专业达16种，并包括"教学专业"在内。专业群体在20世纪社会结构的重大变化中急剧膨胀，到1964年，人们就已归纳出78种专业。目前社会

职业按照专业化程度一般可以分为三类：一是专业性的，如医生、律师、会计师等；二是半专业或准专业，如护士、图书管理员等；三是非专业性职业，如售货员、操作机器的工人等。

(二) 专业的标准

标准是社会生活中不可缺少的东西。社会生活中和政治、经济、法律、教育、文化、艺术等领域无一不需要建立起种种标准。权力的继替，利益的分割，功过的奖惩，人才的选拔，智力的考核，艺术品的鉴赏，在多数场合都凭借某种标准。人类生活中充斥着任意性，这种任意性或则引起冲突，或则降低效率。标准的建立就是为了克服团体生活中无标准下的任意性，以此减少冲突，提高效率。所谓"无规矩不成方圆"，标准使一些观念可以操作，从而为团体生活带来秩序。

从职业社会学来看，20世纪发生变革的一个显著特征是，许多职业进入了"专业"的行列。因为各种职业的结构与性质均在不断地变化与发展。要想了解一种职业是否是专业，就要看其是否符合专业的标准，以及"专业化"的程度如何。但如何测量专业水准在迄今的专业社会学研究领域并没有很好地解决。

1904年，约翰·杜威（John Dewey）在《教育理论与实践的关系》一文中研究发现，成功有效的专业有三个明显的趋势：在从事专业工作前，须获得学术造诣方面量的积累，这已成为前提性要求；以应用科学和技术发展为主线已成为专业工作的中心；专业学校在给予学员典型的、集中的而非广泛的具体工作时对学员是最好的。

1956年，利伯曼在《教育专业》一书中提出专业工作具有以下特征：范围明确、垄断地从事于社会不可缺少的工作；运用高度的理智性技术；需要长期的专业教育；从事者无论个人、集体均具有广泛的自律性；在专业的自律性范围内，直接负有作出判断、采取行为的责任；非营利，以服务为动机；形成了综合性的自治组织；拥有应用方式具体化了的伦理纲领（Code of Ethics）。1957年，格林·伍德（Green Wood）曾经尝试着去界定和描述专业的基本要素，他强调所谓专业必须具备以下条件：完整而有系统的知识；被顾客所公认的智能权威；同行间的制约和赞许；具有严格的职业伦理规范；

成立正式的专业组织。1960年，科恩豪瑟（Kornhauser）选出四个专业的标准：具备知识才能的专门能力；充分的自治；强烈的职业道德；运用专门才能的责任感与影响力。此后，关于"专业"标准的讨论更是不断见诸书刊。

豪勒（Houle）研究了十七种职业，总结了专业化过程广泛存在的十四个特点。它们是：清楚地定义专业的功能；掌握理论知识；解决问题的能力；实际知识的运用；为维护前途而进行超越专业的自我提高；在基本知识和技术方面的正规教育；对能胜任实践工作的人授予证书或其他称号；专业亚文化群的创建；用法律手段强化专业特权；公众承认的独特作用；处理道德问题的道德实践和程序；对不符合标准的行为的惩处；与其他职业的关系；对用户服务的关系。

舒尔曼（Lee S.Shulman）认为当代专业原则上至少有六个特点并对专业教育加以限定，这就是：服务的理念和职业道德；对学术与理论知识有充分的掌握；能在一定的专业范围内进行熟练操作和实践；运用理论对实际情况作出判断；从经验中学习；形成一个专业学习与人员管理的团体。

叶澜尝试着从教师职业的角度，提出专业素养主要包括与时代精神相通的专业理念（教育观、学生观、教育活动观）、多层复合的专业知识（科学与人文的基本知识、1~2门学科知识、教育学科知识）以及履行责任和权利的各种能力（理解他人和与他人交往的能力、管理能力、教育研究能力）。

除了以上几种关于专业标准的理论之外，目前人们还提出了其他各种不同的观点，包括所谓弹性的专业（Flexible Professional）、实践的专业（Practical Professional）、扩展的专业（Extended Professional），以及复合的专业（Complex Professional）。不难看出，大家完全认同一致的专业概念与标准是不存在的。但经过研究之后，我们又不难发现，上述学者对于一种专业工作所必需具备的特征，虽无完全一致的看法，但是他们所提出的专业标准又是大同小异的。进一步综合、提炼与深化上述学者的意见，所谓成熟的专业工作，应该具备下述几大特征和标准。

1.运用专门的知识与技能

构成专业的标准首先需要一套完善的专业知识和技能。

体系作为专业人员从业的依据，简称专业知能（Professional Expertise），专业知能是教师影响力的源泉，是教师自我完善的要素。它直接决定着教师能否适应时代的要求；能否保证教学任务的顺利完成，实现教书育人的目的；能否进行科学创造、技术革新、教学改革以及创造思维能力的发挥。其他特征都是由它派生而来并依赖于它而存在的。在现代社会里，高等学校在发展专业知识技能方面扮演了重要角色——专业知识技能的系统化（发展成课程）、结构化（组合成专业课程计划）、合法化（课程和课程计划获得确认的过程）和传承（传授给大学生）主要是在高校完成的。一个成熟专业的科学知识技能体系已经被系统、普遍地组合成大学的学位课程，修完这些课程的毕业生则是该领域的"准专业人员"。这些已经成为大家公认的看法。

2. 强调服务的理念和职业伦理

专业一方面指精湛的学识、卓越的才能，另一方面指服务或奉献的专业道德（Professional Ethics）。专业道德或是专业伦理或是专业规范，在本质上都是相同的。它是该职业群体为更好地履行职业责任、满足社会需要、维护职业声誉而制定的自我约束的行为规范——一套一致认可的伦理标准。这一套由一个专业全体成员共同遵守和全面应用的标准能够界定提供的专业服务是否恰当。2001年，法国思想家、社会学家雅克·得力达（Jacque Derrida）来华并以"Profession的未来与无条件的大学"为题做过一个简短的演讲。其中，特别强调"Profession"这个词不仅仅是"专业"与"志业"的意思，更有"专业信仰"的含义。照德里达的解释，"profession"这个词更强调的是"行为的介入"，是一种"诺言"、一种"责任"。他进一步说明，一个教师教授理论知识，发挥陈述知识，这是他的基本任务。但是，他要完成的义务、他的权力，并不是理论的，而是行为的，是对"义务""责任"的"承诺"。美国教育学家舒尔曼在1998年也认为，"一个专业首要的社会目的就是服务。专业工作者应是那些接受了教育并且利用其知识和技能为不具备这些知识和技能的大众服务的人。他们内心要有为大众提供服务的倾向，有义务以道德理解为起点来运用复杂的知识与技能""并通过提供实际工作以表现出公正、责任感和美德来"。

3. 不断地培养和训练

在现代体系中，专家知识的深奥依从于长期的训练和专业化的结合。通过专业训练以获得专业知能，是一个长时间的过程。高度专业化的职业如医生、律师等，他们的养成阶段，绝不是一段时日就能成功的。

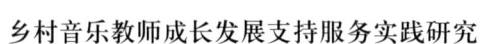

4. 不断地学习进修

个人生命周期的不同阶段以及相关的自我认同与专业生涯紧密相关。职业生涯包括了30年及其以上生命周期。在这漫长的过程中，个人置于飞速运转的现代社会之中，处在复杂多变的专业活动之中，需要不断地适应和学习进修，不断地进行专业社会化，才能跟上时代前进的步伐。这可简称为专业发展（Professional Development）。

5. 享有有效的专业自治

当一个专业处于相对强盛的地位时，它的专长能满足重要的社会需求，它的科学知识体系已经高度专门化而十分深奥复杂，以至外行不能挑战专业人员的技术判断，自治就成为可能。专业自主（Professional Autonomy）的成员不受外行的评判和控制，他们自己决定进入该职业所需的教育和培训标准，并在帮助国家形成规范这一职业实践的法律上发挥巨大的影响力。然而，在一个专业已经以实际行动证实了它对公众福利的承诺前，社会并不贸然授予它自治权。

6. 形成坚强的专业团体

一种工作是否专业，也可从是否形成坚强的专业组织（Professional Organization）上来看。专业的成员发起组织，诸如学会（Societies）、协会（Associations）、联合会（Federations）这类设定入会资格的民间组织，形成由专业人员形成的自我管理的专业团体并对专业人员的个人成就给予认可，一方面能够保证专业地位的确立，保护和提高他们的个人利益，另一方面则能通过设立章程和伦理法规，促进伦理规范与权利义务的实施，强化个人以及团体的责任感，保障客户和公众的利益。为了达成上述目标，专业组织传播信息和知识、培训成员监督和纠正他们的非专业行为。而且，通过其会员和专业的意识形态去影响和规范同一领域里尚未入会的专业人员的行为。专业组织也发起或资助有关的研究发展活动、出版专业性刊物以及鼓励技术交流等，并通过积极努力的工作去影响国家，已形成往往包括了一个特许市场保护在内、规范一个专业实践的法律和法规。

(三) 教师专业

1. 教师专业的属性

唯物主义辩证法告诉我们：任何事物的发展都是过程的聚合体，而不是结果的聚合体。早在20世纪60年代，国际劳工组织和联合国教科文组织就在《关于教师地位的建议》这一官方性的文件中对教师的职业性质作了明确说明："应把教育工作视为专门的职业，这种职业要求教师经过严格的、持续的学习获得并保持专门的知识和特别的技术，它是一种公共的业务。另外，对于在其负责下的学生的教育和福利，要求教师具有个人和集体的责任感。"但政治文件上的定性并不能代替学术的论证。英美教育社会学家从上述专业的一般标准出发，以教师职业自身特点为基础，通过医生、律师等较成熟的专业进行比较，来分析教师专业属性。

日本学者认为，如果以专业标准来衡量教师职业，它还存在许多缺点：第一，教育实践中包含的那些百科全书式的知识和技能，缺乏作为一门专业的那种独特性，不能维持有别于其他专业的严密性；第二，教育工作的内容和程序都事先做了详细而具体的规定，教师的自由时间和工作独立性，都比其他专业少；第三，教师的修业年限远比其他专业短；第四，教育许可资格容易获得；第五，教师多出身于社会中下层；第六，教师经济待遇低下。教师仅在非营利性服务这一点上符合专业的标准，在专业技术和长期训练及特殊才能和素质这一点上尚逊于其他专业。教师只能达到"准专业"的水平。

美国学者较一致的看法是：依照目前的表现诊断，教育只能算是半专业。不过，就其贡献及其社会功能而言，在本质上，教育应该是一项专业。平心而论，教师一职并未发挥其潜能。我国学者从教师职业的特性和教师培养的角度对教师一职进行分析，认为教师是一种不同于其他任何职业，具有其固有特性的专门职业。教师劳动产品是活产品，某个教师的某种直接作用的效用是较难确定的，也不易看到即现的成败效应，与医生、律师专业相比，是有一定代替性的专门职业。

对于教师专业的现状显然并非实质上的"有"或"无"，而是专业化程度上的高低的问题。从教师职业的社会职能来看，它确实具有其他职业所无法代替的作用；但就其专业现状来讲，我们不能不承认其半专业或准专业的

状态。

2. 教师专业：一个形成中的专业

教师专业中的"专业"不是把所教的"学科专业"视为其专业的表现的领域，而是把教师的"教育行为与教育活动"视为其专业的表现的领域。社会学家埃利奥特（J.Elliott）等西方学者认为，教师是伟大的传统专业，但埃齐奥尼（Amitai Werner Etzioni）等人又将教师、护士、社会工作者三种人员划归为"半专业"人员。埃齐奥尼认为教师培训时间较短、社会地位较低、团体专有权难以确立、特有的专业知识较少、专业自主权缺乏。也就是说教师的专业性不及典型的专业人员，还没有达到完全专业（Full-profession）的水准。但是许多社会学者、教育学者并不完全赞同埃齐奥尼的看法。早在1904年，杜威在《教育理论与实践的关系》一文中就说："教师培训的问题是一种比较一般的问题——专业训练。我们的问题是类似于培养建筑师、工程师、医生、律师，等等。教师更有理由试着从其他更广泛、更成功的专业教育中寻找可能学习的东西。"那么，依据专业的标准和特征，教师职业是否是一项专业呢？因为各种职业的结构与性质均在不断的变化发展之中，要想了解教师职业是否符合专业的要求，不如根据上述标准对于教师的专业水平加以评估，探讨当今教师职业在专业化（Professionalization）的过程中，达到了何种程度。

（1）专业知能

运用专门的知识和技能是专业条件中的首要条件。但教师的专业知能究竟包括哪一些？对此众说纷纭，莫衷一是。

北京师范大学的谢维和教授认为，一个优秀的教师的智能结构主要包括五个方面。一是专业化的知识，包括关于学生的知识、关于课程的知识、关于教学实践的知识。二是对学生及其学习的承诺与责任，包括培养学生健全人格、帮助支持学生的学习、平等尊重学生、促进学生良性社会化、帮助学生成为终身学习者。三是教学实践技能，包括制定适合学生的教学计划的能力、应用和结合各种课程因素的能力、构建教学和学习环境的能力、对学生进行学习评价的能力、反省自身教学的能力。四是班级领导和组织的智能，包括承担领导和组织的责任、建立学习共同体、创新和变革班级。五是持续不断的专业学习，包括广泛的学习、专业化的学习、实践的学习。

华东师范大学的叶澜教授认为，教师的专业知识包括三个层面，具有复合性的特征。其基本层面是，具有比较宽广的科学和人文素养，以及当代重要的工具性学科的知识与技能，宏观世界不仅能适应教育工作的特殊要求，而且能为教师的继续教育、持续发展提供保证。在此基础上的第二层面，是1~2门学科专业知识和技能，它与非教师的专业人员相比，应该更加了解本学科发展的历史及趋势、科学家的创造活动和科学精神等方面的知识，以便充分发挥学科知识的教育作用。第三层面是，认识教育对象、开展教育活动和研究所需的学科知识和技能，如教育原则、心理学、教学论、学习论、班级管理、现代教育技术等，教师对其把握不能只停留在学科水平上，而且要学会综合运用。

就当今世界各国教师教育而言，在课程与实际做法上，其专业知能一般包括普通文化知识（general or liberal education knowledge）、学科专业知识（knowledge of subject matter）、教育专业知识（knowledge of education profession）三类。教师教育的三大类课程，又各有其浑厚的理论基础和专精的研究领域。人们对于教师专业的上述三大知能内容划分，如上所见，基本上是当无疑义的。但学者们对教育专业知能的性质与具体内容争论不休，意见不一。争论的焦点在于，学科专业知识与教育（教师）专业知识孰轻孰重，课时、学分比例如何分配。即前面所讲的教师教育的"师范性"与"学术性"如何处理，教师教育的性质是怎样的，培养目标如何实现，人们对此争论不休。许多人认为教学工作并无神秘性可言，只要具备一定的学科知识，人人可以当教师，教育只是将社会学、心理学、哲学等学科的各种相关知识应用于教育情景而已，教育并非系统的科学知识。事实是，自18世纪下半叶第一次工业革命以来、伴随着义务教育的进一步普及和人类知识的丰富与分化，许多国家开始意识到并越来越强调教师的专业化，并把不正规的师范教育予以制度化系统化。至于在师资培养过程中，学科专门知识和教育专业之间孰轻孰重，或者说学术性与师范性孰轻孰重的争论，主要关系两者的课程比例分配和授课先后顺序而已，并不能因此否定彼此存在的必要性。相反，这对矛盾统一体恰恰反映了教师专业是学术性与师范性的统一。教师对所教学科内容的掌握程度是其专业水平的表现之一，但并不是全部。而且，从专业社会学的角度看，中小学教师应该以"教育"（或称教师职业活动）作为

其专业领域,而不是以教学称为其专业领域。"教育行动与教育活动"才是教师表现其专业水平与专业能力的主要领域。原因在于"教育"所关切的是如何培养完整的人,而不是以传授某一学科领域的知识和技能为终极目的。教师必须既是"学者"又是"教育家",不但要明了教什么,而且要掌握怎么教。当今世界各国大都要求中小学教师除了精通所任教学科知识与技能,必须了解教育理论、研习教材教法、经过一定时间的见习、实习,才能成为合格教师。就这一趋势看来,中小学教师大体上符合这一标准。

(2) 专业道德

强调服务的理念和职业伦理是专业的又一个标准。人们要求教师既要有技能,又要有专业精神和献身精神,这使他们肩负的责任十分重大。教育实践后于道德实践,教育活动首先是道德活动。教育是百年树人的大计,教师对于学生、学校、家庭、社会、国家、民族以及世界与人类,均具有神圣庄严的职责。正如艾沃·古德森(Ivor F.Goodson)所说,教学首先是一种道德的和伦理的专业,新的专业精神需要重申以此作为指导原则;在新的教学道德规范中,专业化和专业精神将围绕对教学和学生学习的道德定义而达到统一。教育概念首先是个道德概念,教师的专业特性首先是以道德要求为基础的,教师专业道德是教师职业的基本规范,是作为教师所必须具备的最起码的专业准则。我国《中小学教师职业道德规范》即是明证。

具体来说,为什么说教师专业道德是教师专业的核心要素呢?第一,教师专业道德是教师专业最根本、最直接的体现。教师职业与其他职业最大的区别,就在于教师工作面对的是活生生的人,是正在成长中的广大青少年,他们思想单纯、心灵稚嫩、渴望知识的雨露、需要思想的启迪。作为学生个体社会化的承担者的教师,必须对学生的身心施加符合社会要求的影响。这种影响能否实现,主要有赖于师生之间的社会互动。对教师而言则是教师是否被学生认可,进而教师的影响是否能被学生内化。作为师生互动中一极,教师所施加的影响是否能为学生接受内化,在很大程度上取决于教师责任感驱使下的人格魅力与职业道德魅力。在对待工作和学生方面,敬业、有责任心、热情、和蔼、诚实、谦逊、守信、公正等人格和职业道德品质可以使学生对教师产生信任感,教师的话学生乐意听。而相反诸如懒散、缺乏责任感、粗暴、虚伪、傲慢、失信、偏袒等人格和职业道德特质会使学

生产生不信任感。这样,作为互动主体的教师,其应有的影响就难以得到发挥。同时,教师高尚的职业道德溢于言表,对学生的心灵和品格塑造起着难以估量的潜移默化的巨大作用。教师只有具有崇高的道德、极大的热情、真诚的爱心、广阔的心胸,热爱教育事业,关心爱护每一个青少年的成长,才能不折不扣地完成教育教学工作,同时,教师是学生成长的榜样,是青少年的道德楷模,学生尊重教师、模仿教师,只有教师本人具有崇高的道德,才能感化学生,促进学生的道德成长。第二,教师专业道德是其他相关专业特征形成和发展的动力和统帅。"德者,才之帅也"。当人们谈到教师的专业特征时,首先关注的就是他们的专业道德要求教师具备良好的专业道德素质。一方面,道德具有统率作用。只有教师具备高尚的职业道德,具有坚定的事业心和责任感,他才有可能为教好每一个学生、传授每一份真知去不断努力学习,自觉掌握科学的文化知识,提高自己的知识素质;才有可能在自己的专业领域内不断探索和攀登,提高自己的研究能力;才能克服工作和生活中的种种困难和压力,调整自己的情绪和心态,形成稳定的心理素质。另一方面,教师专业道德本身也包含对其他标准的要求,是教师各种素质的综合表现,由于教育实践固有的道德属性,专业伦理规范的建设在教师专业化过程中尤具独特意义。如果把教师视为一门专业加以建设,那么专业的一般特征和标准对教师伦理规范建设无不具有道德的含义。如果把教师实践视为融服务研究、学习于一体的专业实践,那么,教师不仅是提供教育服务的教育工作者,而且是对教育实践具有反思、批判、探究精神的专业研究者,还是不断修业道德接受继续教育的专业学习者。只有教师具有崇高的教育理想,具备献身教育的奉献精神,他才有可能充分调动自身的积极性,不断开发自身的各项素质潜能,将自身各方面的能力素质统一到为未来人才培养而服务的教育教学活动当中。如此来看,中小学教师具有专业的道德特征,是非常明晰和突出的。

(3) 专业训练

衡量专业的第三个指标,就是长时间的专门职业训练。早在1904年,杜威就提出,当教师教育被视为一种专业领域时,就必须把它看成一种一生的专业发展形势,与其他专业领域的训练有着同样重要的共同特征。1953年国际教育大会反复强调,"教师的健康、智力和性格应符合所需标准,而

且他们还应该接受过良好的普通教育和令人满意的专业培训,全世界所有儿童有权接受这样教师的教育""教师的专业培训应日益受到普通教育的支持,这一普通教育的水平应与能进入大学的最低要求相等""一个人拥有受到认可的专业资格,否则不能任命他从事教学工作即便是临时性的职位"。国外中小学教师的培养大都已经提升到大学教育阶段,有的由师范院校实施封闭式培养,有的由一般大学实施开放式培育,有的由师范院校和综合性大学共同实施混合式培养。美国目前各州均要求中小学教师至少应当具备学士学位,甚至进一步要求到硕士学位或者在任教一段时间内必须修毕硕士学位。五年是美国师资培养最基本的要求,而此项要求已经有近半个世纪的历史了。日本有三种形式的证书教师,即高级证书教师(硕士学位水平)、一级证书教师(学士学位水平)、二级证书教师(两年初级学院毕业水平)。大部分日本教师都是一级资格证书的拥有者。1990年,82.8%的教师持有一级证书。

(4) 专业发展

教师的整个职业生涯中都应有继续培训的机会,从而使之能够跟上思想和方法的新进展。教育以了解及适应学生的发展需要,培养学生各方面的能力,使之身心得以健全发展为要务。这需要教师对身临其境的教学成效予以极大的关注,花大量的心思来自我反思。这是教学成为一种专业的重要方面之一。为此,教师需要不断地进行专业发展和进修,将理论知识和研究成果运用于职业实践中,经常对自己的教学进行自我反省和批判分析,在理论与实践互动的经验中不断地学习进步。教师教育的新理念是把教师教育分为三个阶段:职前教育、入门教育和在职教育。今天,这三个阶段被分别看成一个连续过程的组成部分,"中小学教师和校长在获得职前教育专业证书后接受的教育和培训,其目的主要在于提高他们的专业知识水平、技能以及态度,以便有效地从事教育工作,有效的专业发展能为教师的探索、研究、反思、实验、实践提供方法并为团体中的其他人提供共享的知识和专门技能"。美国在其多项教育改革报告中都提出要建立"专业阶梯"(Career Ladder)制度,以提升教师的素质、鼓励教师进修。例如,在1983年的《国家处在危险之中》的报告里,建议区分中小学教师为初任教师(Beginning Instructor)、资深教师(Experienced Teacher)、优秀教师(Master Teacher)三类。

(5) 专业自主

教师是否拥有相当程度的自主决策的权利，是学术自由和教师专业的一部分，也是衡量教师专业化水平的一项重要指标。教师专业化的突出表现是在课堂教学当中，教师不仅是学校生活的主要参与者，影响着学校的发展方向和日常生活的重要决定，在课堂教学情境中教师更具有课程与教学的相对自主权，在课程设计、教学过程、学生动机、学生管理、学生评价等方面享有"法理"权威，无论是同事还是行政人员都不能妨碍这种权威。如：观察学生、组织实施教学方案、选择教学材料、呈现教学材料、安排教学活动、训练学生行为、激发与鼓励学生、布置教学环境、评价学生成绩、评估教学策略等都是教师专业工作的范围。但是，无论是在个人或团体方面，教师的独立自主权都不及医生和律师等专业工作人员。例如，现阶段教师对课程内容、教材选择就没有多少自主权。这主要是因为大部分教师均由政府选派聘任，政府为推行国家教育政策，对于教育人员必须有所约束，而对教师的监督管理权，也就从不放手。而且各级教师所受限制不一，学校层次越低，所受限制越大，教师享有的自主权也就越小，中小学教师就比大学教师更缺乏教学自主性。

但中小学教师的专业自主性会随着学历及专业化程度的提升而趋高；研究生毕业及师范院校本科毕业教师显著高于专科毕业的教师；师范院校毕业的教师显著高于非师范院校毕业的教师。通过这些情况的了解，可以发现教师的专业自主性在有限的范围内仍有其发展的空间，而这种自主性主要来自教师的专业知识与能力，即教师的专业自主性是与其专业化程度密切相关，是与其专业成长密不可分的。

(6) 专业组织

专业组织在保护和造就专业人员、保障客户和公众利益，以及孕育和维持一个专业特定的知识和服务的意识形态等方面扮演关键角色。为推行政令，提高教师的专业精神，增进教师福利和鼓励教育研究，世界上许多国家均有种类繁多、性质功能不尽相同的教师专业组织。在国外，教师组织被看作是教育改革的巨大力量，对政府教育决策具有很大的影响力，对教师本身也大有裨益。

教师职业是世界上组织得最严密的职业之一，所以教师组织在各个领

域能够起着并且正在起着极大的作用。欧美国家的教育专业团体，虽未能像医师、律师组织一样有权规定从业人员的人数及资格、接纳新会员及开除违规会员，但是美国全国教育协会（National Education Association，简称 NEA）、美国教师教育学院协会（American Association of Colleges for Teacher Education，简称 ACTS）、美国教师教育协会（American Association of Teacher Education，简称 ATE）、美国教师联合会（American Federation of Teacher，简称 AFT）、英国全国教师联合会（National Union of Teachers，简称 NUT）、澳大利亚教师联合会（Australian Teachers' Federation，简称 ATF）、加拿大教师联合会（Canadian Teachers' Federation，简称 CTF）、日本教职员工会（Japanese Teachers' Union，简称 JTU）等教师组织在支持教师的学术自由、提高教师专业水准、促进教师专业发展、谋求提高教师福利待遇、争取教师权益等方面作出了巨大的贡献。在政府决策以及实施过程中，它们成为有力的"压力团体"（Pressure Group），对该国的教育政策产生了重大影响。除了各国自身的教师组织外，1952年由"世界教育工作者组织""国际教师协会联合会""国际中学教师联合会"合并组成的"世界教育工作者组织联合会（World Confederation of Organizations of the Teaching Profession，简称 WCOTP），是世界上最大的国际教师组织。其宗旨包括促进国际教师相互理解和友好愿望的实现；改进教学方法、教育机构以及教师的专业训练和学术准备；维护教师职业的权利，物质利益和道德原则；进一步密切各国教师间的关系。其正式会员来自95个国家的149个全国性教师组织。半个世纪以来，世界教育工作者组织联合会致力于改革教师教育，促进教师专业化，重视教师的社会权利，提高教师的政治、经济与专业地位，增进各国教师间的彼此了解与教师组织间的密切合作，并为此作出了历史性的巨大贡献。

从以上分析可知，中小学教师的专业素质，并非"有"还是"无"的问题，而是专业化程度"高"与"低"的问题。当前大家比较一致的看法是，尽管在努力朝着"完全专业"的方向前进，现在教师是一个"部分的"而非完全的专业。对此，罗伯特·豪塞姆（Robert Howsam）提出，教师应被看成是一个"形成中的专业"（An Emerging Profession），其地位高于半专业而接近完全专业的地位，处在专业和半专业的中间状态，与其他专业工作如医学、法律、工程相比较，略感逊色。人们对教育专业所期望的，是能使教师

第一章　乡村音乐教师发展的基本理论

工作专业化，使教师超越"能干的教书匠"（Competent Instructors），而成为"专业的教育家"（Professional Educators）。若不如此，只要会拿粉笔就可以上讲台，使教育变成人人可以胜任的工作，那它就毫无专业性可言了。可喜的是，从实践看，教师的各种教育教学活动已经在一定程度上达到了专业化标准的要求。而且，"现代教育本身的发展对教师的要求已经与这种专业化的标准是非常一致的"。说教师职业是"形成中的专业"，即是说教师职业日趋专业化是毋庸置疑的。主要论据表现为以下几点。

第一，教师提供的教育服务在现代社会日趋重要，无论是在发展中国家还是在发达国家，教师或教学工作毫无疑问地发挥着重要作用。随着知识社会的到来，这种作用的重要性日益突出。

第二，尽管对教师并没有掌握哪些知识存有争议，但教师必须掌握足够的学科知识技能和教育知识技能才能做好教学工作是毋庸置疑的。尤其是在现代社会，如何把无限丰富的知识有效地传递给受教育者，如何促进青少年的身心健康发展，如何使受教育者具有创造力等问题，已成为每一位教师需要解决的问题。当代青少年的培养需要的是专业化的教师，这更需要把教师教育作为专业教育。而教育学和心理学的发展使教育知识与技术日益系统化，为教师专业化和教师教育的专业化提供了可能。各国都有专门的教育机构实施教育，教师专业训练的年限、程度日趋提高。

第三，教师任用资格与在职进修日益制度化、法律化。许多国家包括中国都开始制定专门的法规严格规范教师标准，只允许那些达到标准的人进入教师队伍。

第四，教师拥有的专业自主权有适度的保证。尽管学校的管理权和教师的自主权之间时常冲突，学校管理的权力大于教师的学术权威，但学校作为"二元结构"（在学校中存着行政权力和学术权力）可以使管理权和教师的自主权在不同的范围内展开。校长不能随意干预教师的教学事务。

第五，教师专业道德规范的要求一直非常强烈。

第六，教师的经济待遇和职业声望正在提高。随着人们对教育重视程度和人民群众对教育需求的提高，过去不被看好的教师职业这几年变得越来越"吃香"，出现了几十个人竞争一个教师职位的场面。

总之，现代社会中小学教师从事的教育教学工作要求从业者具有较高

深独特的专门知识、技能和修养的专业。教育教学活动是一种比较复杂的专门培养人的职业，它不仅要求其从业者具有远比一般人更丰富高深的多方面的一般知识和学科知识，作为自己提供教育教学的原材料，更需要从业者掌握一般社会成员不需要或不必系统了解的教育教学知识、技能和教育教学规律：有关人的认知学习的知识和规律，各种主客观教育教学条件的知识和规律，社会发展的知识和规律，以及利用这些知识和规律选编教学内容，确定教育教学目标，运用教育教学手段和方法，组织教育教学活动的技能等。不具备这些高深独特的专门知识和技能的人，是无法充任或不能胜任中小学教师的，美国教育学家舒尔曼因此指出：现在，新的专业教育和教师教育的概念已经出现。这些概念与专业教育的各个环节相联系，包括道德观、理论理解、实际技能、判断、从经验中学习以及专业社团责任感的发展，等等。可见，教育教学工作是一种难度较大的、"形成中的专业"。从事这一工作的中小学教师应当是较高层次的专业人员或专业角色。"在当代教师教育中，教师作为专业人员的概念，得到了广泛而普遍的支持"。

二、教师专业发展的基本理念

（一）教师专业发展的含义

当前教育界，专家学者们对于教师的专业发展有很多不同的理解。从个体的角度来看，教师的专业发展是："通过系统的努力来改变教师的专业实践、信念以及对学校和学生的理解，它强调教师个体知识、技能的获得以及教师生命本质的成长"。[①] 从群体的角度看，"教师专业发展是指教师这个职业群体符合专业标准的程度"。还有一种从社会学的角度来进行定义的。其中功能主义者认为，教师专业发展是指在复杂而多变的环境中以及在一种强迫性的学习氛围中，教师所经历的正式和非正式的学习，教师专业发展不仅应包括知识、技能等技术性维度，还应该广泛考虑道德、音乐和情感的维度。可见，功能主义的教师专业发展关注教师的学习，教师通过学习获得履行教学功能的知识、能力和伦理道德。

此外，还有功能主义学者、解释社会学者、符号互动理论者、批评理论

---
① 祝成林，张宝臣. 教师专业发展：基于课例研究的视角 [J]. 教育导刊，2010(01)：77-79.

者等都有对教师专业发展的阐释。综合社会学众多理论学派的见解，教师专业发展可以这样理解，教师不断成长、不断接受新知识、提高专业水平，在这个过程中，教师通过不断的学习、反思和探究来拓宽其专业内涵、提高专业程度，从而达到专业成熟的境界。教师专业发展强调教师的终身学习和终身成长，是职前培养、新任教师培养和在职培训，直至结束教职为止的整个过程。教师专业发展不仅包括教师个体生涯中知识、技能的获得和情感的发展，还涉及学校、社会等更广阔情境的因素。可以看出，社会对此的认识越来越多元也更广泛。不再像以前仅仅关注结果，而是同时关注专业发展的整个过程。

(二) 时代对音乐教师专业发展的要求

随着时代的发展，各行各业越来越专业化、细分化，教师也不例外。新的时代，要求知识的传播者更加专业。这种专业，不仅仅体现在知识体系上，也体现在职业特点上。音乐教师，首先是专业的教师，然后还是专业的音乐从业者。

新课程改革（简称新课改）对于教师的专业化发展提出了更高的要求。无论前期的设计多么理想，最终教学结果是要由教师来实现的。如果教师不能够领会新课改，不接受新课改，或者能力不足以实施新课改，那么，新课改最终也只是落在纸面上，很难取得成果。在这个意义上说，教师不仅仅是教育者，同时也是教育研究者。信息时代需要创新能力的复合型人才，传统的应试教育下的流水线产品已然不能够满足社会发展的需求。如果教育滞后，那么整个社会的发展就会迟滞。新课改在这一背景下启动，就意味着人才需求的紧迫性，而培养人才的教师专业化发展显得更为紧迫。尤其20世纪以来，我国音乐教育迅速发展，但是现行的音乐教育观念、内容、方法、手段等已经不能适应当今素质教育发展的需求。音乐教育改革势在必行，音乐教师的能力结构就必须建立在音乐教育改革基础之上。随着改革的不断发展，新的时期对音乐教师也提出了新的要求。具体如下。

（1）更新教育观念。教育是不断发展的，教师应不断树立符合时代发展步伐的教育价值观、基础教育观、学生观、质量观，以一定理论为基础，善于有意识地从不同角度反复思考，冲破传统观念的束缚，经过实践—认

识—再实践—再认识的循环往复过程，逐步提高认识，形成科学的教育观念。

（2）抓紧学习机遇。知识的剧增，科技的飞速发展，要求广大教师必须不断掌握相关学科的新知识、新观念和新的技法，形成不断学习的意识和能力。这样不仅对教师自身的发展有利，还对成长中人的基本能力发展有利。教师教育终身化的观念已开始确立，随着教师教育一体化体制与机构的建立和健全，将为教师接受终身教育提供保证。当前，教师应充分利用现有条件，抓紧学习。

（3）勤于教学教研。教育科研具有现实性和应用性，其结果可直接指导教育教学实践，是推动教育发展的真正动力。以教育教学带动科研，以科研促进教育教学，应该成为每位教师的行动准则。广大教师是一支教育科研的强大生力军，拥有教学实践的第一手资源，起着教育理论者难以替代的作用。

三、音乐教师专业发展的意义

音乐教师的专业发展是教师专业成长的重要途径，是音乐教师主体性的重要表现，也是音乐教师职业道德的重要内容。它应该是一切自觉为音乐教育事业献身的音乐教育工作者的自觉行动。在当前进行音乐课程改革的背景下，音乐教师进行专业发展有着极不寻常的重要意义。

（一）音乐教师专业发展是促进学生发展的必然要求

未来社会充满希望，也充满挑战。培养探索与创造能力，促进人的自主全面发展是培养新一代的迫切需要。音乐教育改革的前沿对学生主体意识的唤醒、学生主体地位的体现、学生自主学习的引导发出了强烈的呼喊。主张通过音乐教师的爱心鼓励、启发诱导，让学生通过聆听音乐、表现音乐、创造音乐等途径来培养他们的审美意识与求异思维，培养他们的创新观念与创造能力，培养他们独立的人格与真实自我，鼓励他们发展自己的个性及潜能，变"学会音乐"为"会学音乐"，把音乐学习的主动权还给学生，让他们变被动学习为主动学习，变接受学习为探索学习，已经成为音乐教育中的首要课题。

音乐教师专业发展是新一轮基础音乐课程改革的现实需要，新一轮基

础音乐课程改革对音乐教师的要求不是降低而是提高，音乐教师受到来自社会各个方面越来越高的期望和要求，这些期望和要求把教师推向一个新的层面。社会希望他们既是具有丰富教学经验和教育知识的教育家，同时又是具有突出音乐能力的音乐家、有丰富音乐知识的音乐理论家和音乐教育家。如此，种种头衔堆积到音乐教师的头上。但与此同时我们也发现《义务教育音乐课程标准（2022年版）》的颁布和音乐新课程的实施，对于音乐教师的培养、培训则提出了一系列挑战性课题。按现行教学计划大纲，培养出来的师范院校音乐专业毕业生，在教育理念、文化素养和专业知识技能方面，都难以完全适应九年义务教育阶段四个教学领域的教学要求。音乐教师的培养、培训与音乐新课程对教师的期望与要求还有一定差距，而拥有专业发展的意识和能力的音乐教师会及时地发现自己的不足，主动地弥补和提高。给自己确立合适的目标，并不断地反思自己的音乐教学和成长过程，努力促进自己更快地适应时代和社会的发展，成为合格的音乐教师。音乐教师专业发展是加快基础音乐教育课程改革步伐的现实需要。

（二）专业发展有利于音乐教师个体的长远发展

西方学者早就指出"世界上没有两片相同的树叶"。世界上也没有两个完全相同的人，即使是外形极相似的双胞胎也存在着诸多各异的内在因素。志向抱负、兴趣爱好等许多因素的不同，以及音乐的非语义性、非具象性、非同解的艺术特征使得音乐教师对音乐的体验、感受和理解也是不同的。音乐教师的专业发展能使教师根据自己的基础、兴趣和需要，自主地确定学习的目标、内容、方式以及学习的发动、监控和终结等，使不同的音乐教师在音乐教学中展现出其独特的个性特点与教学风格，使其积极性、主动性和差异性都得到充分的发挥，而不是千人一面万人一腔的音乐教学模式。

（三）专业发展有利于音乐教师树立积极的人生观

在音乐新课程改革的背景下，音乐教师原有的观念、知识、能力、角色、习惯等与新的理念、目标和要求等产生直接的矛盾冲突，教师要按照一种全新的理念去实践，既没有现成的经验可以借鉴，又没有典范的模式可以参考，只能靠学习和探索。这既意味着教师要进行超常的劳动，花更多的

时间去学习备课，也意味着在摸索中必将遇到更多的问题，产生更多的矛盾。正如有的研究者所说，"参与课程开发既是权利，也是负担""活动多是好事，也是坏事"。任何事物都有着辩证的两个方面，如果看待问题的角度不同，所达到的境界也会有所不同。有的音乐教师面对种种矛盾时提出"我们是人，不是神""我们的健康受到威胁""新课程改革在为学生着想的时候能不能多为我们教师想一点呢？"他们产生了心理失调的问题，但是具有自我发展意识的音乐教师，在面对新课改这一新的压力时，则会充分利用各种有利资源，通过学习伟人的思想和借鉴专家的做法，积极地调整自己的心态去重新思考这些新问题，乐观地看待并解决这些矛盾，努力使自己的身心不受到消极思想的侵害。

（四）专业发展有利于音乐教师实现自我价值

音乐教师的职业是高尚的职业，因为音乐教育面对的是人的世界，是情感与情感碰撞后产生的火花，生命与生命对话后绽放的蓓蕾。音乐教师生命的意义及价值是在其教育生命的历程中显现的，也是在这其中成就的。音乐教师在对别人奉献的同时，其自身也求得了一种丰富的体验、一种自我的满足，因为从生命个体的角度看个体发展的需求，有追求自主意志和自由意志的欲望，也有追求卓越实现自我的愿望。

只有当人们把自身的发展作为目的本身时，人类的真正主体才开始形成。因为它意味着人真正摆脱了对自然、社会必然性的束缚与限制，人的活动动机不再是由外在的生存需要所施加的，而是人自身各方面的充实完美和全面发展构成了人全部活动的目的。也就是说，有专业素质发展意识的音乐教师会有明确目标指向，能够在其主体性的引导下，自我定位、自我教育、扬长避短且主动地在自己的职业生活中充实自我，找寻自我的价值所在。

第二节 乡村教师专业发展的主要特征

一、乡村教师专业发展的内涵

厘清乡村教师专业发展的内涵，关键在于把握以下三个层次的问题。首先，当今中国，哪些地方可以成为乡村？即乡村在哪里呢？其次，乡村教师是由哪些人构成的？最后，乡村教师专业发展到底应该怎么样呢？唯有解决了上述三个问题，才能明晰乡村教师专业发展的内涵。

(一) 乡村

无论是在《现代汉语词典》和《辞海》里，还是在百度引擎上搜索"乡村"这个关键词，得出的词语释义都是"不同于城镇、城市的以从事农业生产为主的劳动者聚居的地方"。我国自古以来就是农业大国，传统上以从事农业生产为主的乡村是我国主要的国民居住形态，这种情况一直延续到改革开放初期。20世纪90年代末，随着市场经济的发展以及城镇化进程的推进，我国的乡村发生了很大的变化，例如，乡村人口向城镇人口转移，生产方式与生活方式也不断地由乡村型转化为城市型。在城镇化改革的推动下，我国乡村实际上产生了三种分类：一是位于经济欠发达地区的仍然以从事农业生产为主的乡村；二是位于城市或城镇边缘的城郊乡村；三是经济发达的社会主义新乡村。第一种类型的乡村乡土气息浓厚，还没有脱离传统的乡土文化和乡土生活方式；第二种类型的乡村处于转型期，没有摆脱传统的乡村生活方式，同时受城市价值取向的驱动，或被动或主动地接受着城市文化；第三种类型的乡村虽然还给自身冠以"村"的名义，但是实际上生活方式已经完全城市化，然而在这种新乡村中依然还可以闻到传统的乡土文化气息。

简单概括上述三种类型的乡村，第一种是尚未现代化的乡村，第二种是处在现代化边缘上的乡村，第三种则是已经现代化的乡村。然而无论是何种类型的乡村，传统乡土文化的气息一直氤氲在这些乡村的上空，只是或浓或淡罢了。对于乡村的理解，不能脱离"乡土文化"这个词语，乡土文化滋生和孕育了乡村，是乡村的精神象征。笔者认为，对于乡村的理解不在于户籍制度，而在于这些地方是否体现乡村特色的"乡土文化"。从"乡土文化"

的视角探究乡村，有利于打破城市取向的乡村现代化发展理念，更有利于建立适合且体现我国乡村发展的特殊性的乡土语境。总之，乡村并不遥远，乡村就在"乡土语境"里。

（二）乡村教师

随着我国当代乡村实际情况的变更，乡村的教育也发生了天翻地覆的变化。乡村学校可依据乡村的三种类型而划分为三类：第一类，位于经济欠发达地方的乡村学校；第二类，位于城郊的乡村学校；第三类，现代化的乡村学校。在这三种类型的乡村学校中，乡村教师的队伍构成也存在很大差异。位于经济欠发达地区的乡村学校中的乡村教师多数来自当地乡村，仅有较少接受过大学教育，少数为城市的支教教师，此类乡村学校经常面临师资质量低以及师资匮乏的窘境，且流动性极大；位于城郊的乡村学校中的教师队伍得到了很大的改善，有的来自当地的城郊乡村，也有的来自周边的城市，因为就业压力的增大，不少大学毕业生通过考试获得了城郊乡村学校的教师资格；第三类的乡村学校的办学水平是前两类乡村学校难以企及的，因为这些学校已经达到了城市学校的办学水平，师资也多数来自当地的新乡村或者周边市区，多数都是正规大学的毕业生。

通过上述分析可知不同类型的乡村教师队伍结构是不一样的，不能一概而论。经济欠发达地区的乡村学校的乡村教师由于位于尚未现代化的乡村，他们身上的乡土气息是非常浓厚，然而由于地域经济条件的限制，他们能够获得现代化资源非常少，因此他们是一个欠缺现代化的群体，面临着欠缺现代化的危机。城郊乡村学校的乡村教师由于处在现代化的边缘上，地域经济条件是有的，他们能够获得的现代化资源较多，然而由于处于转型期的乡村，这些学校的乡村教师很容易迷失在城市取向的现代化浪潮中，而丢失了本应该保持的乡土气息，面临着转型危机。现代化乡村的乡村学校除了名义上被冠以"村"之外，实际上这类学校的乡村教师享受着同城市学校一样的现代化资源，在他们身上却很难再看到乡土文化，原因在于他们通过自己的一系列行为显示了自身与整个乡土社会的不同，而乡村社会在给他们贴上"城里人"的标签之后，也不可能同时再把他们视为"村里人"或者"自己人"。因此他们是现代乡村中过度现代化的群体，面临着过度现代化的危机。

乡村教师就是这样的一些人——由于各自所处的地理位置和经济条件的差异，他们有的面临着欠缺现代化的危机，有的面临转型危机，还有的则面临着过度现代化的危机。

（三）乡村教师专业发展的内涵阐释

教师专业发展是时代发展对高质量教师需求的必然选择，乡村教师是一个不同于城市教师的特殊群体，对乡村教师专业发展就不能单纯按照城市教师专业发展的标准来要求，而且由于地理位置和经济条件的限制，乡村教师队伍更具有复杂性和多元性，因此，应建构针对不同类型乡村学校中的乡村教师发展需求的专业发展理念。例如，对于那些正处于欠缺现代化危机的经济欠发达地区乡村学校的乡村教师，应该建构"以提供现代化资源支持和增加乡村教师现代化培训为目的"的教师专业发展理念；对于那些正处于转型危机的城郊乡村学校的乡村教师，应该建构既能够使他们坚守乡土文化又能够提升现代化素质的教师专业发展理念；而对于那些正面临着过度现代化危机的社会主义新乡村学校的乡村教师，则应该建构帮助他们科学利用现代化资源并回归乡土文化的教师专业发展理念。

概言之，无论哪种类型的乡村教师专业发展理念，其实都涉及了两方面的内容：一是乡土性，即坚守乡土文化，因为乡村学校位于乡土文化中，而乡村教师应该成为乡土文化的代言人；二是现代性，即获得各种政治、经济、文化以及科技的资源支持，因为乡村学校并不是真空的，它们需要在现代化社会中生存，而乡村教师更需要利用各种现代化资源来提升自身的教学质量。综上所述，乡村教师专业发展即是以满足不同类型乡村教师的专业发展需求为目的，通过采取相应的措施以帮助他们既能够坚守乡土文化又能够提升自身运用现代化资源的素质，进而提升不同类型乡村学校中的乡村教师的专业技能。

二、乡村教师专业发展的特征

无论是身处乡村学校还是城市学校，对于处于弱势位置的乡村教师而言，不断提升自身的专业技能显得尤为重要。因为乡村教师来自不同地理位置和经济条件的乡村学校，他们对教师专业发展的需求差异很大，所以，应

该从乡土语境的视野来探究乡村教师专业发展的特征。

(一) 多元化

我国幅员辽阔，乡村众多，不同地域的乡村具有不同的乡土文化，正应了那句俗语"千里不同风，百里不同俗"。过去十几年推动乡村教育现代化的过程中，一直采用刚性标准——即以城市取向来要求乡村教师专业发展，而忽略了乡土文化对乡村教师专业发展的重要性，最终导致乡村教师现在所面临的诸多危机。时过境迁，在过去刚性的现代化措施的推进下，不同地域的乡村教师现代化差距越来越大，甚至出现了两极分化的结局。现在再来谈乡村教师专业发展，必须打破刚性标准，建立弹性理念，鼓励多元化的乡村教师发展趋势，这也是乡村教育发展的必然选择。一方面，乡村不同于城市之处在于它的乡土文化，乡村的每一个人都浸染在乡土文化中，不同地域的乡村又具有不同的乡土文化，多元化的乡土文化必然决定了乡村教师专业发展的多元性特征；另一方面，我国目前三类乡村学校中的乡村教师所需求的教师专业发展资源是不一样的，这也决定了建构多元的乡村教师专业发展理念的必要性。

(二) 乡土化

理论上，作为乡村知识分子的乡村教师应该是乡土文化的坚守者，然而事实上并非如此。在欠缺现代化乡村学校中坚守的乡村教师，虽然他们身上的乡土气息依然浓厚，但若是他们有机会接触现代化教育，在强势的城市取向的教师专业发展理念的影响下，他们或许早已抛弃了乡土文化的"土"外衣，而穿上了城市文明的时尚新衣。在转型期和已经现代化的乡村学校中的乡村教师，在城市文明的诱使下，他们正在努力摒弃"乡土"带来的烦恼。乡村教育走向现代化并不意味着要抛弃乡土文化，反而，具有乡土性的乡村教师专业发展理念更适合我国多元化的乡村教育实际情况。

(三) 现代化

需要声明的是本节提倡从乡土语境中探讨乡村教师专业发展，指出单纯地按照城市取向的现代化标准来要求乡村教师的专业发展是不切合乡村

教育实际的，这并非不认可乡村教育现代化的重要性。乡村教育现代化依然是当务之急，因为城市教育的进步是毋庸置疑的，乡村教育的落后也是我们有目共睹的，乡村教育必然需要先进的现代化资源的各种支持，其中最为关键的就是提升乡村教师的现代化素质。在乡村教师专业发展过程中，需要明晰现代化并不是最终的目的，现代化只是帮助乡村教师提升自身专业技能的工具；现代化并不是舍弃乡土文化，而是利用现代文明中的各种先进资源来更好地保护和坚守乡土文化。经济欠发达地区的乡村教师是最迫切需要提升现代化素质的，因为他们身上具有浓厚的乡土气息，多少带有一些乡野之俗气，缺少一些乡土文明之雅致。

笔者坚信，通过提升他们的现代化素质有利于化俗为雅。而其他两种类型乡村学校中的乡村教师并不缺乏接触现代化资源的机会，对他们而言，现在更为关键的是让他们重拾对乡土文化的兴趣，积极利用现代化资源来弘扬乡土文明。

（四）协同化

在过去乡村教育现代化的进程中，霸道的城市取向标准使得乡村教师处于文化冲突之中。也就是因为这种文化冲突，面对城市文化的强势诱惑，有的乡村教师片面地放弃了乡土文化，奔向城市文化，然而他们在适应城市文化的过程中，却遭遇了身份认同危机的尴尬境遇。在当今提倡协同并进精神的时代，乡村教师遭遇的文化冲突以及身份认同危机必然引起人们的深刻认识。时至今日，协同发展无外乎是乡村教师专业发展的必然选择。一方面，三类乡村学校的发展差距决定了必须针对不同需求的乡村教师采取不同的乡村教师专业发展策略，而且三种策略必须协同推进；另一方面，乡土文化和城市文化并不是相互对立的，也不必然存在文化冲突，二者完全可以协同共生。新时代的乡村教师在专业发展的过程中必须以协同多元的视角看待乡土文化和城市文化的关系，最重要的是在提升自身的现代化素质的同时，充分利用现代化工具来坚守和弘扬最能代表中国乡村特色的乡土文化。只有建构协同化的乡村教师专业发展理念，才能够保证当今时代的乡村教师的专业发展更适合当地乡村学校的发展需求。

三、乡村教师专业发展走向的新要求

(一) 教师教育标准体系的建立已迫在眉睫

为了我国教育事业的长远发展,对中小学教师的专业资格要求、教师资格鉴定机构的资质、教师培养的课程设置和教育教学质量要达到的标准等方面必须从政策层面提出最基本的要求。目前,我国启动了"中国教师教育标准研究"项目,其主要目的是使我国教师教育和中小学教师队伍建设工作走向制度化和规范化,内容是对教师的专业素质、机构、课程设置和质量评价等提出基本的标准,任务是为教育部制定相关政策提出建议,为国家颁布课程标准等文件做准备。

(二) 对教师的专业发展具有非常重要的作用

随着时代的发展,原有的师范教育体制逐渐不能满足现代教育的发展需要,必须通过相关政策的建立与完善,以建立新的教师教育制度。教师教育的形式要多样化,要改变教师教育职前培养与职后培训相脱节的状况,最终要达到教师教育的一体化。同时要加强大学与中小学的联系,实现大学与教师职后培训机构的资源共享。

(三) 教师教育管理制度需要进一步的完善和发展

在中小学教师教育的管理体制上,政府要通过对政策的制定和完善,切实把相关政策落到实处,特别是在对教师教育管理方面,要简政放权,从直接管理转向间接管理。在新形势、新情况下,要及时出台新的教师教育的政策法规,真正为中小学教师考虑,了解其专业发展的需求,使上下一心,分工合作,形成教育合力。结合我们国家的实际情况,逐步缩小城乡、区域差距,协调教师教育的发展。在师范院校的转型问题上,要根据各个学校的不同特点灵活掌握,逐步过渡,以推进教师教育良性发展。

(四) 促进教师教育公平

作为社会公平的基础之一,教育公平是社会公平在教育领域的一种表

现形式。教师教育公平是实现教育公平的一个重要方面。教育在消除社会的不平等上肩负着重要的使命，而教师是实现这一切的关键。因此通过法规章程来引导教师加强自身素质，使其能够在同等条件下平等对待每一名学生，使他们获得同样的受教育机会，从而成为社会的有用人才。

此外，还要注意教师教育的国际化。在目前世界各国经济、政治、文化逐渐融合，教育交流日趋频繁的情况下，我们要使国内和国际两个教育市场加强合作，充分发挥我国的教育资源优势，并积极学习外国先进的教师教育经验、培养出在国际上有竞争力的高素质人才。

第三节 乡村教师专业发展的维度

一、师德为先：理念与行为

在社会快速发展时期，人们的价值观念也呈现出多元化。乡村教师很可能会遇到信念危机和价值冲突，在自己的工作当中也会感觉到痛苦、浮躁甚至是迷茫。在物欲横流的社会里，教师要坚定内心的信念，在自己的信念中找到职业乐趣和幸福人生。信念是教师的精神支柱，引导着教师的工作态度和工作行为。在选择成为一名乡村教师时，就应该热情积极地投身于自己所追求的乡村教育事业。乡村教师在条件艰苦的乡村地区，日常教学及教师的专业发展都会面临很多的阻碍，例如：乡村教师没有学习资料、乡村学校没有上网查阅资料的条件、乡村教师工作量大、乡村学校没有培训学习的机会，等等，但教师必须坚定自己的信念，克服困难，自己在专业发展上下功夫。即使学校没有电脑和网络，教师可以回家用网络查询资料；即使在学校的工作再忙再累也要尽量挤出一些时间去阅读书籍提升自己的专业素养；即使学校没有安排培训，自己遇到问题时要积极诚恳地去请教学校或周边学校的优秀教师，要以他们为自己榜样，坚守三尺讲台，通过自身的不断努力成为一名优秀的人民教师。

（一）师德成长的内容

师德成长的内容包括师德认知、师德情感、师德意志和师德行为。师

德成长是一个知、情、意、行多因素相互作用、相互促进的过程。人在活动前必然是先要经过头脑的思考，形成思维，然后依据内在心理和外在客观情况下，产生行为。师德成长必然也是一个思维与行为相统一的过程，是师德认知、师德情感、师德意识和师德行为的整合。

1. 师德认知

师德认知是教师对于教师道德原则、教师道德规范和教师道德现象的认识。师德认知是师德形成的基础和前提，也是师德成长的起点。师德认知不仅包含了教师对于教师职业规范的认识，包含了教师对于社会道德要求的理解，还包含了教师对于善恶、美丑、是非等的认识和把握。道德认知包含了对道德现象的认识、体会和理解。因而，教师只有具备了足够的师德认识，才能正确地理解社会道德要求、教师道德规范，才能作出正确的道德判断。道德认识需要正确把握个人与个人、个人与集体、个人与社会的关系，师德认识则可以帮助教师能够正确处理教师自身、教师与学生、教师与同事等的关系。认识是实践的前提，良好的师德行为需要正确的师德认知，师德认知贯穿于整个师德成长的过程，指引着师德成长的方向和道路，并在这个过程中不断地提升和深化。

2. 师德情感

师德情感是教师对于职业态度的整体体验，是教师对于师德的内心看法，是师德成长的重要因素。师德情感是师德成长的催化剂，能够加速教师由内在的师德认知表现出外显的师德行为。道德认识与道德情感是相伴的，脱离了情感的道德是不存在的。教师有了道德认知之后，需要通过师德情感来感受师德认知并认可师德要求和规范。在选择道德行为时，道德情感和道德认识一致，道德主体会迅速地作出行为选择。教师有了师德认知之后，并不一定会全身心地履行师德行为，而只有教师通过师德情感亲身感受并且认同师德认知，才会全身心地投入到师德成长的过程中，才会有助于形成良好的师德行为。师德情感是教师养成师德自觉性的主要助力，师德情感有助于教师在师德成长的过程中自觉形成正确的态度和稳定的师德情绪，这样才能帮助教师认同师德认知并且作出正确的师德行为。

3. 师德意志

道德意志是人们在进行道德实践的过程中，履行道德义务，并克服过程中出现的困难,从而确保实现行为目标的毅力与精神。师德意志可以帮助教师实现目标和形成坚定的师德品质。树立坚定的师德意志是师德成长过程中的关键内容,能够让教师保持良好的师德品质,让形成的师德品质更加持久和坚定。在教师形成师德意志时,教师可以克服师德活动实施过程中出现的困难,并且能够让教师更加自觉地内化形成个人的师德品质。优秀的教师具备了坚强的师德意志,能够积极主动地把职业道德认识内化形成个人的师德修养,并且能够很快地作出正确的师德行为,从而提升个人的师德品质。师德意志有助于教师调控自己的师德行为,在师德成长过程中起到了保障作用。

4. 师德行为

师德行为是指教师受到思想支配而表现出来的师德外表活动,师德行为是师德培养的最终目的。行为就是实践,实践是认识的来源,更是检验认识的标准。从而,师德行为是评判师德认识正确与否的标准。道德品质在道德行为的基础上形成。教师把内在的师德认识外显于师德行为,从而形成个人师德品质。教师通过体会师德认知来作出师德行为,并且师德行为还能够有助于教师更加理解师德认知,是实践与认识之间的相互促进。不正确的师德行为往往是由于教师缺少了正确的师德认识。道德的行为一般是基于自觉、自愿的行为。因而,优秀教师在师德成长的过程中可以自觉地身体力行,由正确的内在师德认知转化为恰当的外在师德行为,并且形成良好的师德品质。

师德认知、师德情感、师德意志和师德行为均是师德成长过程中缺一不可的重要组成部分。缺少了师德认识,教师必然不会外显出正确的师德行为。师德认识和师德行为有着极为密切的联系。师德行为是受教师师德认识调控的,教师对于师德有着怎样的认识就会产生怎样的师德行为。如果没有了师德情感和师德意志,即使教师具备了师德认知,但是也不会积极主动地把内在的师德认知外显出良好的师德行为。这样不会产生结果,是徒劳无功的。如果教师缺少了师德情感,教师会缺少积极性、主动性和自觉性,从而会被强制地实行师德行为,甚至不会形成良好的师德行为。如果教师缺少了师德意志,那么教师将不能持之以恒,不能克服师德成长过程中遇到的困难,从而很难养成良好的师德品质。在师德成长这个漫长的过程中,教师要

同时具备师德成长的这四个内容，才能够由外在的教师职业道德规范自觉转化为内在的个人师德品质。

师德成长是一个师德认知、师德情感、师德意志和师德行动和谐统一的过程，并且他们之间是相互促进的关系。在师德成长的过程中，教师需要经历从师德认识到师德行为这个长期而复杂的过程。因而，优秀教师在师德成长的过程中，要能够树立正确的师德认识、产生积极的师德情感、具备持久的师德意志，并作出恰当的师德行为。道德实践是一个不断认识自我和完善自我的过程，具有自觉性。本章节从道德的内涵解读为伊始，来探析师德成长的内涵。依据道德的内涵，师德成长的过程应该是一个激发教师自觉地形成良好的师德品质的过程。因而，需要探析能够激发教师自觉养成良好师德品质的影响因素。

(二) 师德成长的培养策略

1. 树立正确的师德培养理念

正确的师德培养理念是学校实施师德培养活动的基础和理论依据。只有具备了正确的师德培养理念，师德培养活动才会具有可操作性和实效性。正确的师德理念能够让教师找到职业认同感，并激发教师自觉地养成优良的师德品质，从而体现出学校整体优良的师德风尚。

(1) 师德成长指向幸福

目前，有些学校提出的师德要求跨越了普通人的道德要求，逐渐地走向了极端，出现了"师德高标"的现象。"师德高标"会给教师带来很大的心理负担，并产生职业倦怠等问题。正确的师德培养理念应该是让教师体会到职业幸福感，让师德成长指向幸福。如果学校不能正确地理解师德培养理论，就会为教师树立"病态"的师德形象。例如，教化教师用牺牲自己的方式来体现爱岗敬业。这样高标准的师德形象让教师望尘莫及、高不可攀，从而产生巨大的心理压力。学校制定的师德标准不能够把"牺牲"和"师德"等同起来。如果不能够正确地理解师德内涵并制定恰当有效的师德培养策略，反而对教师提出过高的师德要求，只会使师德培养的成效适得其反。

道德不具有层次性。道德的矛盾依据是"道德"与"不道德"，而不是"道德"和"更道德"。道德发展，不是由道德的低层次向高层次的纵向攀升，

而是处理、对待不同领域（物质领域、社会领域、精神领域）道德问题的横向拓展。

道德教育的目标不应该是更加的道德，如果一味地要求更加道德，这样道德教育就很难达到效果，实际上也很难操作。道德教育应该是遏制人们作出不道德的行为，而不是让人们更加地道德。因而，师德也不应该具有层次性，不能要求教师不断地更加"道德"，而是应该防止教师作出"不道德"的行为。依据这样确实可行的理论，师德培养才能具有实效性，才能防止"师德高标"的现象出现。

学校的师德培养理论应该具有正确的指向性。师德成长应该指向幸福而不是指向过高的师德标准。教师的职业是一个幸福的职业，教师的幸福感来源于教学钻研上的提升、学生的成长、自我价值的实现和生命创造的蜕变等。只有教师体验到了职业幸福感，才能更加热爱自己的职业，从敬业到乐业。学校的师德培养应该是让教师体会到教师职业的幸福感，从而激发教师自觉地遵守师德标准，内化形成良好的师德品质。师德成长的幸福指向可以让教师自觉地体现出优良的师德品质，并在工作中体会到幸福和快乐。这样的师德培养理念更加具有实效性和可操作性。

（2）帮助教师解决问题

在教师的成长过程中，教师难免会遇到一些问题和困惑。在教师的职业生涯中，或多或少都会出现工作压力大、学生难管理和教学上难突破、自我的职业满意度低等问题。当教师出现问题时，学校应该及时地为教师提供帮助，及时帮助教师解决问题可以避免教师产生职业倦怠和消极的心理情绪。帮助教师走出困惑，教师才能对自己的职业满意，并热爱自己的职业，展现良好的师德品质，有助于师德成长。

学校应该从方方面面来关注教师。当教师遇到自身无法解决的问题时学校应该及时地给予帮助。不仅仅要关注教师的学校生活，也应该关注教师的日常生活。研究发现，在学校环境、社会环境和家庭环境三个因素中，家庭环境对教师的成长影响很大。因而，当教师遇到生活困难时，学校同样应该去体谅教师并适当地给予帮助。学校的帮助会给教师带来极大的鼓舞，可以让教师体会到学校的温暖和人文情怀，让教师更乐于投身到教育工作当中，产生积极的职业情感，从而形成优良的师德品质。

在教师成长的过程中，前辈的帮助和指导会起到至关重要的作用。有学者研究表明，在教师的成长历程中，虽然教师可以进行自主学习与摸索，但是前辈的帮助与指导也不可或缺，对提升教师水平起到了很大的作用。在与前辈交流的同时，教师可以讲出自己遇到的困惑，向前辈寻求帮助，从而让教师少走弯路。前辈专业的教学水平、丰富的经验和对教育事业积累的炙热情怀会传递给教师，以便教师养成良好的师德品质。

（3）师德成长是教师生活中的一部分

道德的产生和发展在于要满足人的生存和生活需要，道德教育的活动离不开人的生存、生活和发展需要，也不能脱离开人的生活来进行道德教育。师德培养也同样要立足于教师的生活和发展需要。师德成长与教师生活不能割裂，两者是有机结合并相互促进的关系。一方面，师德成长可以提高教师的生活质量。师德培养应该贴近教师的生活，关注到教师的需要和发展，提高教师的生活洞察力，帮助教师解决困惑，从而让教师在工作岗位上得到人生价值的超越和升华。师德成长会帮助教师指向更好的生活。另一方面，师德成长来源于教师生活。教师每天处于长期在学校工作的状态，学校成为教师成长和生活的主要场所，学校的日常生活成为教师生活的一部分。师德成长不能脱离学校的日常生活，也不能脱离教师的生活。师德成长来源于教师生活的点点滴滴、方方面面。师德培养同样要关注教师的生活，关注到教师的发展和需求，依据教师的生活和需求才能更好地激发师德品质的内化。师德成长是教师生活的一部分。

2. 营造师德成长的优良环境

师德成长的环境是间接或直接影响教师道德品质形成的外在因素。德育环境是为了实现德育目标和任务而设置或使用的、具体教育因素的环境，包括了具体事物构成的显性物质环境和由语言文字等构成的隐性知识环境。因而，师德成长的环境是指为让教师形成良好的师德品质而设置的、具有教育因素的环境，同样包括了显性物质环境和隐性文化环境。环境可以对人产生持续和实质的影响，道德会在人与环境的相互作用下形成。营造优良的师德成长环境可以对教师产生持续且实质的影响。

（1）营造优良的显性物质环境

校园物质环境主要是由学校的建筑设计、活动场地、设施设备、绿化美

化和景点设置等所构成。营造优良的显性物质环境是有效帮助师德成长的客观条件。不同的教师通过对校园设计、校园设施的解读产生不同的理解，优良的物质文化若是能够与师德培养的内容相符合，教师会把校园物质文化内化形成个人的工作情感和态度。因而，优良的物质环境可以陶冶教师的工作情操。

第一，美化校园。优美的校园环境是营造优良环境的首要物质条件。校园是每一位教师工作的地方，并且教师每天会有大部分的时间是待在校园里的，优美的校园环境可以使人心情舒畅，有助于教师产生积极的工作态度。校园物质环境的建设包括了很多方面。例如，在操场边上设置大师雕像，雕像上刻着他们的名言警句；楼道里安装坐起来很舒服的软椅，可以让教师和学生坐在软椅上休息和讲题。优美的校园环境可以潜移默化地陶冶教师。

第二，创建师德活动室。师德活动室是为师德培养创建的专门场所。在师德活动室，教师可以进行有关师德方面的研讨，也可以开展师德培养讲座，也可以看一些师德方面的书籍等。创建专门的师德活动场所可以让师德培养更加具有针对性，让师德活动更加直接、有效。

第三，增添人性化设置。为教师添设教师休息室，在里面为教师准备咖啡、热水、茶水和饼干等食物，可以让教师在里面为自己冲上一杯咖啡或者泡一杯茶。教师休息室的设置可以适当地为教师缓解紧张的教学气氛和工作压力。这样人性化设置的添加让学校的物质环境更加活泼、更加温暖，可以让教师体会到人性化的服务，这样更加有利于教师投入到工作当中，并能够让教师体会到学校对教师的关怀，使教师更加热爱自己的工作。

(2) 营造优良的隐性文化环境

隐性文化环境的建设包括了学校教师制度、校风和校训等多个方面，对宣扬师德成长起到了隐性作用。校园文化环境的建设源于学校发展历程中的传统文化积淀和先进文化发展方向的结合。重视文化环境的建设不但有利于教师的精神文化培养，还可以丰富学校师德环境的建设，对影响教师形成优良的师德品质起到潜移默化的作用。

第一，改善学校对教师的管理制度。学校应该引导教师自主管理，从被管理的消极状态中解放出来，最大限度地发挥教师在师德成长中的主动性和自觉性。因而，学校教师管理制度的建立要符合教师自身的发展和需要，要具有人文精神，不能过于强制，也不能不考虑教师的权利。

第二，创建有德性的校风和校训。校风是一所学校所呈现出来具有代表性的整体风气。校训是对全体师生有导向性、规范性和勉励性的要求。建设有德性的校风和校训可以赋予学校一种整体向上的生命力，可以指导教师自觉养成良好的师德品质。学校校风和校训的建设可以鼓舞教职员工，使教师产生强烈的凝聚力和集体归属感，从而体现敬业、严谨等优良的师德品质，自觉提高师德修养。

营造优良的师德成长环境可以对师德培养起到很大的辅助作用。德育环境可以自然地"散发"自身的教育信息，通过逐渐的渗入而促使个体的思想和心灵发展变化。优良的师德成长环境可以陶冶并渲染教师的思想道德发展，让教师在没有压力的条件下潜移默化地形成优良的师德品质。营造的环境因素要相互协调、相互促进，才能形成影响师德成长的合力，以便教师形成良好的师德品质。

3. 开展师德活动

(1) 举办校园文化活动

举办合理的、准确的、趣味的、艺术的、具有思想性的文化活动可以让教师在轻松的校园文化环境中快乐地、自主地发展。例如，开展职工合唱比赛、教职员工运动会和教职员工新年联欢会等校园文化活动。这些活动可以让教师在轻松、快乐的氛围下工作，从而更加热爱自己的教师工作，产生积极的工作情绪。教师和学生需要共同积极地创办班级文化活动。例如，教师可以定期带领学生创办班刊、带领同学一起设计班旗等。这些班级文化活动可以弘扬积极的班级风尚并展现班级精神面貌。创建优良的班级文化可以让班级更加具有凝聚力，让班级成员更加团结，使教师和学生都更加热爱班级集体，从而让教师内化形成热爱教育、认真负责等师德品质。

(2) 开展促进教师人际关系的活动

开展促进教师人际关系的活动可以构建和谐的人际关系环境。通过开展人际关系活动向教师传递诚信、关爱、公平等积极向上的人文精神。教师在和谐的人际关系环境下，可以形成正确的交际意识，加强情感的沟通融合，形成良好的师德品质。营造和谐的人际关系环境可以让教师和同事之间、教师和学生之间相互尊重、相互关爱。营造和谐的人际关系环境对师德

成长至关重要,并且能够让师德培养更加具有实效性。

第一,开展师生情活动。研究发现、大多数的教师会认为学生是影响自己形成优良师德品质的主要动因,良好的师生关系是教师形成优良师德品质的主要因素。和谐的师生关系可以缩短师生间的心理距离,使师生之间达到情感交融,从而使师生之间能够真心沟通,这样教师才会关爱自己的学生,学生也会更加敬爱自己的教师。和谐的师生关系可以让教师更加热爱自己的教育事业,这样教师才会展现出优良的师德品质。例如,教师和学生可以一起开展研究式学习,研究式学习是教师分组带领同学学习感兴趣的学科。每名教师会带领几名同学进行深入研究,然后教师与学生一起动手做实验,并制作自己的研究成果展示海报。这项活动可以促进教师与学生之间的情感交流。开展带有人情味的活动也可以促进师生间的关系。例如,在元旦教师带领学生包饺子、一起庆祝新年,这样的活动让教师和学生都感受到了学校也可以具有家一般的温暖。组织合适且温馨的师生情活动有利于创建和谐的师生关系,从而促进教师形成优良的师德品质。

第二,开展同事间的交流活动。同事间的关系表现为领导与教师之间的关系、教师与教师之间的关系。融洽的同事关系可以让教师在工作时表现出高涨的情绪和积极性,并能够充分地发挥工作能力,利于形成良性的师德氛围。会形成一种团结奋进的和谐气氛,教师会对自己所从事的职业产生喜爱之情,从而自觉地提高职业的要求,并形成良好的师德品质。因而,要开展同事间的交流活动,让教师相互谈谈自己的职业理想和职业感悟,同样也可以进行教学研讨。同事之间要相互帮助、相互关爱。

(3)开展师德讲座与交流会

第一,开展师德讲座。开展师德讲座可以让教师向更优秀的教育名家学习。在师德成长的过程中,教育名家可以为教师起到榜样示范的作用,榜样示范的影响机制在于人天生就具有模仿的天性。人们的学习不仅仅是通过自身的实践来获得直接经验,还会通过观察他们的言语和行为来获得间接经验。榜样的思想、情感和行为会对模仿对象产生深远的影响。人们不仅仅会学习榜样外显的行为,还会学习榜样的内在思想。由于人们具有模仿的天性,在人们一生当中肯定会通过模仿来间接地习得一些品行,因而榜样的作用至关重要。经研究发现,很多教师在谈师德成长的影响因素时,会表明"模仿他

人"对自己产生了重要的影响。教师同样具备模仿的天性。因而，要为教师建立榜样模仿的对象。教育名家不仅仅具备深厚的学识，还具备了高尚的师德品质。这些教育名家可以是教育系统年长的资深教师，可以是特级教师，也可以是享誉全国的教育家。向教育名家学习，可以为教师建立良好的模仿对象，起到榜样示范的作用。教师通过模仿教育名家的思想、情感和行为，可以逐渐拉近自己与教育名家的距离，从而不断向教育名家靠近，让自己变得更加完善。因而，向教育名家学习可以帮助教师形成优良的师德品质。

通过开展师德讲座，教师可以听到一些教育名家的经验和事迹，教育名家可以为教师起到榜样示范的作用。通过开展师德讲座的形式来拉近教师和教育名家的距离。教育名家的事迹可以熏染教师形成更高的职业要求，并在教育名家的感召下付出改善自我的行为。教师可以从教育名家的师德讲座中学习到很多丰富的教育经验，并内化形成优良的师德品质。通过开展师德讲座的学习形式是师德培养的好方法。

第二，开展师德事迹交流座谈会。师德事迹交流座谈会是教师与教师之间有关师德方面的交流会。教师与教师交流时，教师会讲一些对自己有影响的师德事迹，并且可以谈一下自己的体会，从中学习到的师德品质，让教师之间相互学习。交流会中，教师也可以讲出自己在从事教师职业时遇到的困难，让教师之间相互帮助。教师处在同样的学校环境当中，教师之间可以相互理解、相互体谅，从而得到心灵上的认同。教师之间的交流能够让教师分享自己的经历与经验，对每一位教师来说都是学习和积累的过程。这样的交流会可以分享，也可以帮助自己解决困惑，更加具有效果和针对性。通过同事之间一起相互交流，可以在轻松的氛围下解决问题、相互学习。通过同事的帮助和相互影响，可以对师德成长起到一定的积极作用。

有效的师德培养策略首先应该从树立正确的师德培养理念开始，其次以营造良好的师德环境为基础，最后再开展师德培养活动。依据教师的自身需求，站在教师的角度，以人为本，从多方面激发教师自觉地养成良好的师德品质。

二、能力为重：科研与教学

乡村学校教师晋升制度中的重科研轻教学，也使教师的专业发展形成

第一章 乡村音乐教师发展的基本理论

了"科研至上"的行为逻辑。大学更多的是关注一流的科研,而不是一流的教学。这种现象仅仅靠教师的个人认知、良心和勤奋努力去改善是相当困难的,乡村学校应从制度层面去调整。首先,乡村学校应树立教学科研并重的意识。其次,在晋升制度上,应设置有利于教师教学发展的激励机制,从而促进教师教学科研能力的均衡发展。

(一)乡村教师科研素养的界定

目前教学研究主要指学校教学工作研究,多以课堂学科教学为中心,围绕教学计划、课程标准、教材、教法等内容而展开。它常常是通过研讨来解决问题和总结经验,以更好地完成教学任务,提高教学质量。教学研究得到的结果往往是局部的带有地区性的经验,不一定能在最大范围推广。教育科学研究的内容范围比教学研究的范围要广,并强调运用科学的方法探索教育的规律,其研究的经过可以推广,常用论文、专著的形式反映出来。科研对理论的深度和研究的规范性要求较高,较之教研活动而言,更具有系统性、计划性。虽然教研与科研有所区别,但是教研与科研又是相互依存,不可分割的。教研是科研的基础和条件,科研是教研的提炼和升华,可以使教研活动在更高层次上开展。教育科研是人类科学研究的一个组成部分,是人们有目的地探索教育世界的本质和规律以及探索如何应用这些规律于教育实践活动。教育科学研究的教育对象是教育存在——研究者所认识到或遇到的一切教育问题包括实践形态的存在与理论形态的存在两种。通过研究,达到知识拓展或者问题解决的目的。教学研究和教育科学研究就是我们通常简称的"教研"和"科研"。教研素养主要体现在:任教学科知识,任教学科相关知识,自我认识与评价,教育学、心理学、学科教法与教育科学知识。其显著特征是:专业功底扎实精深、教学方法灵活多变、教学意识现代新颖、教学手段高效便捷、教学目标明确务实、教学形式机动灵活、教学机制以人为本。

目前关于"科研素养"的界定有很多种。韩立福在《新课程教师科研行动指要》一书中提出:新课程教师科研素养主要由教育科研意识、合理的知识结构、教育科研能力、教育科研道德素养四方面构成。潘海燕与徐运国在《教师的教育科研与专业发展》一书中提出:教师的科研素质一般包括科研

意识、科研知识、科研能力、科研精神四个方面的道德要素。尤俊英与于忠海在《教师继续教育的突破口：提高教师科研素养》提出：教师继续教育中应达到的教育科研素养可具体表现为：从事教育科研的知识素养，如学科专业知识、教育心理学知识、科研方法论知识等；教育科研过程中应具备的科研意识和科研能力，如对问题的质疑、敏感、探索，勇于突破常规，超越自我，能进行科研分析、总结，撰写科研论文和报告等；从事教育实践的科研精神，如爱岗敬业、乐于奉献、不断创新，尊重事实，不拘于习惯、经验、权威的束缚，与同事平等合作，爱护学生等。赵清福在《新形式下中小学语文教师科研素质提高的策略》一文中提出：教师科研素质是指教师具有教育科研知识和认知结构，具有进行科研的特殊能力和科学品质。杨丽在《中小学教师科研素养存在的主要问题及对策研究》论文中提出：教师科研素养是指教师在专业化发展过程中，从事教育科研必备的素质、修养，具体指教师开展教育科学研究所必备的知识、能力、品质、精神。然而教师的科研素养源于教育实践，又有所超越和升华，它在教育科研实践中培养和体现，它的提升又体现了向传统角色诀别的新时代教师的品位与境界。把教师科研素养的提升和教师专业化结合起来审视，教师专业化的核心是教师科研素养的专业化，教师专业化的理念赋予了教师科研素养新的内容，它要求教师的学科专业水平与教学水平同步提升。

乡村教师科研素养提升是在教师专业化理念和实践的统领下进行的。具备良好的科研素养是教师专业化发展的重要支撑，教师的教学课程实施的主体，教师科研的提升会极大地促进教育科学研究工作的深入，加快教师专业化进程。在加快教师专业化的进程中，在创新求发展的学校教育和课程改革的今天，教师作为研究者，其素养结构不仅是传统意义上的知识储备，而是知识的创新发展，是教师的能力发展，特别是研究能力和创新能力的发展，是专业精神的发展，是全方位的发展，是动态的发展。

如上所述，教师的科研素养是一个时代性很强的论题，在过去相当长的一段时间里，"完整型教师""创造型教师""专家型教师""科研型教师"的呼声才不绝于耳，但是对于当代教师到底应具备怎样的教育科研素养，目前学者们各有自己的界定。但他们的界定中都包含科研意识、科研知识、科研能力、科研道德、科研精神，也不排除有学者还简单地将科研素养理解为写

论文的能力。笔者认为、乡村教师的科研素养是一个结构的协调的统一体。结构决定功能，发挥某种功能必有一定的结构。结构中的诸因素是动态发展、相互联系、相互作用以及相互影响的。其中每个因素又具有其自身的内部构成要素。

本研究中的科研素养主要基于三方面来界定：第一从时间上，科研素养是动态发展的，不同的时间有不同含义。第二从形成上，科研素养是由自成与他成组合在一起的。第三从内涵与含义上，它包括科研意识、科研知识、科研能力、科研道德、科研精神、科研方法以及科研创新等。但是本研究中的科研素养主要指科研知识、科研技能和科研精神三方面。

（二）乡村教师教学素养的界定

"教学素养"是一个极为常见的日常用语，也是一个耳熟能详的术语。"教学素养"其实是"教师素养"中的一个重要部分。1994年，美国西密歇根大学知名学者迈克尔·斯克里文（Michael Scriven）教授在综合各方面文献后指出，要成为一名理想的教师，至少需要具备如下五大方面的教学素养。一是学科知识。包括专业知识，包括备课、选材及评估知识；其他学科知识，包括沟通技巧、学习技巧、电脑技巧等。二是教学能力。包括沟通表达能力；管理能力；任教学科设计和改进能力。三是评估能力。包括对学生评估的知识和能力；设计试卷的能力；评分能力；学生成绩记录及报告。四是专业修养。包括专业道德；专业态度；专业发展；为教师教学活动服务。五是对学校及社区的其他责任。

目前关于"教学素养"的界定。李其在《浅析专业课教师的教学素养》一文中认为教师的教学素养是指教师的修养，即做一名合格优秀的教师应具备的业务水平、品质特征和才智技能。它具体包括三个方面的内容，一是精通自己所教学科知识和技能，二是充分了解自己所带学生的个性和心理需要，三是要有良好的教学语言表达能力。刘力在《理想教师的教学素养》中，再次根据自己的研究现状引用了美国迈克尔·斯克里文提出的要成为一名理想教师，需要具备的五大方面的教学素养：一是学科知识，二是教学能力，三是评估能力，四是专业修养，五是对学校及社区的其他责任。陈全英在《现代教师课堂教学素养浅析》一文中提到了现代教师要具备的教学素

养，但只是单方面地谈了课堂教学素养，而没有涉及课堂之外教师所具备的教学素养。刘大宇在《当代教师教研素养略谈》一文中提出教师的教学素养：在教学内容上，注重课程设置的文理渗透，综合学科、边缘学科交织互补；在教学方法上，倡导研究法、暗示法、范例法、情境教学法等大胆尝试；在教学组织上，集团教学、个别教学、分层教学交叉进行；在教学思想上，把教学重点放在张扬学生个性，以学生身心发展为根本目标，合理使用信息资源、及时将新技术、新知识、新工艺传递给学生，同时善于对信息进行分析、加工、处理，利用信息优化设计教学进程，合理选择教法，决策、管理教学；刻意培养学生开拓、创新、合作、奉献、负责的精神，构建平等、和谐、融洽、健康的师生关系；具备教学预见能力，根据市场对教育带来的影响，超前采取对策、制定相应目标及方法途径。欧立红在《多元智能与生物教师素养及教学关系现状调查研究》论文中提出：教师素养又称为教师素质、教师修养，它指的是教师作为一种专业和职业角色需要具有的素养。在此将教师素养的概念界定为：教师旨在养成胜任教师职业所需的各种素质而进行的自觉、持续的修习涵养过程及其综合发展水平。它包含两种基本含义：一是指教师为获得职业劳动所需的基本素质所进行的修习涵养活动；二是指教师为胜任职业劳动所应当具备或已经具备的各种素质的综合发展水平。教师素养的内容可具体划分为：思想道德素养、知识素养、能力素养、心理素养、身体素养。"教学素养"其实是"教师素养"中的一个部分，教学素养主要指的是教师素养中的知识素养和能力素养。教学素养着重体现教师的专业化特点。他所指的"教学素养"是在"教师素养"的背景下而提出的，并且，仅仅指知识素养与能力素养。

综上对教学素养的所述，前人的研究各有自己的立场与观点，但总体上都提出教师的教学素养是指教师应具有渊博的知识和多方面的才能。首先，教师必须精通所教学科的基础知识，熟悉学科的基本结构和各部分知识之间的内在联系，了解学科的发展动向和最新研究成果。其次，教师还应具有广博的文化修养。最后，教师还应具有多方面的兴趣和技能。本研究中的教学素养也继承前人研究的成果，再根据时代发展与教师自身发展的需要等，从三方面来提出教学素养：第一从时间上，教学素养是动态发展的，在不同的时期有不同的含义。第二从形成上，教学素养也是由自成与他成组合而成。第三从内涵与含义上,指教师在教学的实施过程中所具备的知识、能力、思想、方法、道德修养、技能、品质特征、精神以及创新思维等。归纳起来主要有教学知识、教学技能、教学精神三方面。

(三)教学和科研均衡发展

1. 树立教学和科研并重意识

乡村学校本身就肩负教学和科研双重任务。从某种意义上说,教学和科研是相互促进的两个方面。首先,高等教育本身就是一种以培养创造性人才为目标的创新教育。它不仅仅是简单地传授科学知识,更重要的是培养学生的科学态度、科研思维、科学方法。教学本身就是一种创造性的科研活动,是一种复杂的研究。离开了研究的教学将失去活力。只有将创造性思维融入教学中,才能成为优秀的教师。其次,乡村学校的根本任务就是培养高质量人才,而培养人才则依靠教学。教学应该成为高等教育的中心。在教学中,师生之间的互动也可以发现科研问题、弥补科研不足,在交流中,获得灵感,促进科研提高。故而,乡村学校应该树立教学、科研并重的意识,从而正确地指导乡村学校管理工作。

2. 建立多种教学激励机制

乡村学校要建立多样化的激励机制,来增强教师自身教学的积极性。在教学评价方面,乡村学校不应该只关注教学的课时数,应更多地关注教学的效果。此外,乡村学校还应对教学优秀的教师给予物质奖励(如增加薪金、福利等)和精神奖励(如颁发荣誉证书等)。著名教育家苏霍姆林斯基认为:如果想让教师感受到教学的乐趣,使每天的教学活动不再单调、枯燥,就必须引导教师奔向教学研究的道路上来,感受到职业的幸福。教师不但是教学活动的实践者,更是教学行为的研究者。通过在教学实践中不断地探索、主动参加科研活动,教师由一个普通的"教书匠"转变为一个研究型教师。

当然,乡村教师想成为一个研究型教师,必须主动地参加教育科研活动。但是,中小学教师的科研,与专职教育科研人员的专业研究是不同的,也不是简单地总结教学经验,而是把教育研究和教育教学实践紧密结合起来。以教师自身的教育教学实践为出发点,以课堂的教学问题、教学理念和教学模式等为研究对象,在教学中研究,在研究中教学,最终的目的是解决教育教学问题、提高教学效果和促进学生的全面发展。

一般情况下，乡村教师开展研究的方法主要是：行动研究、教育叙事和课堂观察，大多数是校本行动研究。校本行动研究是指教师以教学为核心、以学生为主体、立足于课堂教育教学而进行的研究活动，包括承担专题讲座、参与课题研究、撰写教育教学论文等，目的是改善日常的教育教学工作和提高教师专业发展的自主性。教师在研究中，不但促进学生发展，同时也促进教师自身的成长与更新。

三、学生为本：尊重与启迪

（一）开发课程以学生核心素养为依据

学生发展核心素养就是深化课堂上课程的多元化，需要倡导启发式、探究式、讨论式、参与式教学，激发学生的好奇心，让学生知道自己的优点和发展方向，学会独立思考，而不是一味去按部就班，要在学校营造的良好环境中勇于探索与创新。教师应把课内跟课外相结合，各学科之间相互融合，学生应在接受相应学段的教育过程中，逐步形成适应个人终身发展和社会发展需要的必备品格和关键能力，并在未来正确面对选择与分流。基于这样的目的，学生的核心素养方面要更加广泛，应在各学科中把专业知识、技能、理论相结合，它包括理想、信念、品格、气质、学习习惯和思维能力、创造力和想象力的培养，把这些方面融入学生的思想、灵魂中，在他们人生中抹上重重的一笔。这些素养不仅能够促进学生专业素养发展，同时有助于形成良好的学习习惯。目前最紧迫的就是把教师的专业知识与学生的核心素养相融合，使每一位学生的学习能力提升都基于教师的教学，让学校成为培育学生更好的摇篮。

（二）教学方法以核心素养为主

作为学校方面，一是要完善教师保障制度，让教师有安全感。实行激励制度，让教师有荣誉感。二是在日常细节中，用情感留心。关注教师心理，让教师有归属感。信任教师能力，让教师有成就感。三是加强师德建设，让教师有责任感。培养青年教师，让教师有使命感。学生核心素养是我国教育

发展的方向，也为教师的教学实践、教师的教学方式指明了道路。从学生核心素养的视角看，我国教师教学方式的转变是由教师中心转为学生中心，注重学科知识，另外教师还要通过转变教育观念，尊重学生差异，开展合作探究学习，转变评价方式等来促进教学方式的转变。在教师的教学过程中，以学生为中心，融洽师生关系是营造良好课堂教学氛围的重要组成部分，使学生与教师达到一家亲的效果。这样有助于更好地沟通与交流，同时满足学生独特的个性，改变教学方式，变化作业的结构，如随堂批改作业、小组批改作业、学生讲评业、教师抽查面批作业。从多方面来完善过去教学的不足，让学生更好地接受新的教学方法，这就需要教师改进教学方法，全面了解学生的个性特点，注重培养学生的创造性思维和自己分析问题和解决问题的能力，这不仅仅局限于课本上的知识，还要让学生与教师在课堂上进行更多互动，真正把课堂还给学生，使他们真正成为学习的主人，这样的课堂，才能使学生的思维更加活跃。生动而活泼的课堂会促使学生更加爱学习，学会自我思考、自我进步，这是一个循环渐进又相辅相成的过程。只有全面而快速提高教学质量，才能点燃课程改革的智慧，真正参与学校的课程设计和课程变革。教师是一个特殊的职业，他们是为祖国培养社会主义事业的建设者与接班人，因而他们必须具备扎实的专业知识和较强的综合技能，而这些取决于教师本身的自主发展与学校对教师的培训。教师培训需要整体变革，根据学生核心素养培育的要求，重新建构教师培训的目标、课程、模式等。而教师的专业发展可以通过学习、实践交流、听优秀教师讲课的途径来提升，从而把专业知识跟专业能力相结合，不断地自我进步，成为学生成长路上的引路人。

　　核心素养需要通过教育和学习来获得发展。核心素养是整个社会发展的必然趋势，这也是我国未来课程改革的重要方向。将教育与专业相结合，需要纳入专家学者、教育及学校行政人员、教师、学生、家长、社会各界人士等不同群体共同参与讨论，而且无论是从国家、地方、学校，还是从整个社会而言，核心素养与具体学科相结合，都是为了帮助教师对课程实施和对教育目标的把握。同时，政府还需要根据不同地区及学校的特殊性，落实不同的方针，鼓励教师自由发展，在培育学生的核心素养方面作出改革，将课堂与实际相结合，给学生更广阔的自主发挥的空间。

四、终身学习：学习与借鉴

信息技术高速发展的今天，不学习就要落后。勤于学习是现代人必须具备的积极品质，这也是合格的乡村教师应该具备的基本素养。每个人都应该是终身学习者，乡村教师应当成为终身学习的典范。教师的专业知识和专业能力不是通过一次性的教育就能终生受用的，时代在发展，信息和技术在不断的变革中，学生时代所掌握的理念、知识和能力可能满足不了新的工作要求，因此教师需要树立终身学习的理念，不断学习，更新自身的理念与知识，提升自身能力。教育是有目的地培养人的活动，每个学生都有巨大的发展潜能。作为一名合格的乡村教师，如若要为学生发展提供有效指导和帮助，就必须不断进取，不断学习，丰富和提升自己的知识与能力。乡村教师要把专业学习视作是自己该负的责任和自己应尽的义务，树立终身学习理念。

(一) 终身学习

终身教育、终身学习和学习化社会作为当今教育变革思潮中的三大理念，三者密切相关："终身教育为终身学习提供指导；终身学习是终身教育的基础，也是终身教育的最高境界；终身教育是学习化社会的基石；终身学习是学习化社会的标志，代表了学习化社会的本质特征。"从时间层面上来说，终身学习概念的产生要晚于终身教育，而先于学习化社会。从内涵层面上来说，三者既有教育对象的全民性、教育过程的终身性、教育空间的开放性等共同特征，又有内涵上各有突出、目标上各有倾向、教育实践上各有侧重等差异之处，因此在此对终身教育和学习化社会的概念进行界定将加深对终身学习的理解。

1. 终身教育

一般认为，终身教育的理念自古有之，但现代意义上的终身教育理论则产生于20世纪60年代，其概念最早是1965年由法国成人教育家保罗·朗格朗在联合国教科文组织成人教育国际促进会议上提出来的。朗格朗指出"终身教育并非指一个具体的实体，而是泛指某种构想、观念或原则，抑或是某种一系列的关注和研究方法，是指人的一生的教育与个人及社会生

活的教育的统合"。作为保罗·朗格朗在联合国教科文组织中的继任者,意大利学者埃特里·捷尔比认为"终身教育应该是学校教育和学校毕业以后教育及训练的统合;它不仅是正规教育和非正规教育之间关系的发展,而且也是通过社区生活实现其最大限度文化及教育方面的目的,而构成的以教育政策为中心的要素"。概言之,从横向结构来说,终身教育是家庭教育、学校教育和社会教育的统一体。从纵向结构来说,终身教育则是早期教育、学校教育和成人教育的完整结合体。

2.学习化社会

最早提出学习化社会概念的是芝加哥大学校长赫钦斯,他将学习化社会界定为:"仅常规性地为全体成年公民提供具有一定时间期限的成人教育是不够的,还应当以公民成长及人格的构建为目的制定政策制度,并借此政策制度来保障目的的达成,从而创立一个朝向价值的转换及成功的社会。"赫钦斯认为雅典就是一个全民学习之邦,是一个典型的"学习化社会"。在雅典,教育不是一种独立的活动,不是在一定的时间内、在一定的地点、在人生的某一时期进行的。教育是整个社会的目的,城邦是最好的教师。国际教育发展委员会主席埃德加·富尔等人将学习化社会描述为这个社会不仅必须发展、丰富、增加中小学和大学,而且还必须超越学校教育的范畴,把教育的功能扩充到整个社会的各个方面。简言之,在学习化社会中,教育是集体的事业,需要全社会的共同参与,人人是教育和学习的主体,享有受教育和学习的权利。

(二)终身学习理论

1.终身学习理论的产生

如终身教育一样,终身学习理念的产生也是一个多方面因素作用以及长期酝酿的过程。终身教育概念是终身学习产生的基础,到后期学习社会理论的兴起给予了终身学习概念产生的契机,人的学习主动性和主体性得到了强调,终身学习便在这样的条件下产生出来,国际组织在终身学习概念的全世界推广中也起到了重要作用,尤其是联合国教科文组织将终身教育和终身学习理念放在同样重要的位置,这对社会对终身学习概念的快速接受有非常重要的意义。

2.终身学习的内涵

社会对终身学习理论的普遍认识是作为终身教育领域内一个重要的观念，终身教育是终身学习的基础，终身学习是终身教育的延伸。终身学习理论是随着对个人主体地位的逐渐重视而出现的，因为"学习"和"教育"这两个词可以互相替代，但是他们之间仍然存在着一些差别，"学习"一词动作的发出者是学习者，"教育"是由教育者发出的，虽说教和学是同一个事情的两个方面，但是终身学习概念的提出就是为了突显学习者的主体地位，这种变化也表达了终身教育深入发展，对人格与人性愈发重视，就其本质而言是统一的，因为"教和学本来就是一个事情的两个方面"。

借鉴欧洲终身学习促进会对终身学习所下的定义，终身学习强调为个体提供不断的学习支持，以此来促进个体各个方面潜能的发挥，发展个体的创造性和学习的主动性。虽然终身教育和终身学习都强调教育或者学习时间的连续性、内容的全面性和学习对于个体发展和社会发展的重要性，但是终身学习这一概念的出现，凸显了现在人们对于教育中学习者主体地位的重视，对学习主动性的重视。

3.终身学习的特点

(1) 过程上的终身性

"终身"二字概括了终身学习的最基本特征，这也是终身学习最基本的要求。终身学习要求学习贯穿个体的一生，包括了从出生到死亡的所有阶段，终身教育的必要性在于人出生之时就是不完善的，然而社会又是多变的，在不断变化的社会中个体需要不断学习，获得新的知识与技能。

终身学习要求打破以往将学习局限在学校环境中的狭隘认识，让学习与实际生活沟通起来，尤其注重成人的学习，为成人的学习提供机会和资源。

(2) 内容的全面性

终身学习的目标是促进个体潜能的全面发挥，为了实现这一目标，终身学习的内容应该考虑到个体发展的方方面面。

第一，智力上的发展是必要的。人类文明几千年的积淀，科学知识在人类生存和发展中起到了极大的作用，随着人类社会的继续发展，科学技术也在不断进步，个体智力发展是保证掌握科学知识的前提，终身学习不能忽

视智力方面内容的学习。

第二，情绪情感方面的发展是个体生活在社会中不可避免的，终身学习应当关注个体情绪与情感的正常发展。个体是生活在社会中的，与他人产生了各种各样的交流，父母与子女之间、夫妻之间、朋友之间都存在着情感的交流，在不同的阶段，父母和子女之间、夫妻之间、朋友之间都存在着不同的挑战，这些都需要情感的教育才能更好地处理问题，走向更加和谐的人际交往关系。

第三，职业方面的学习是个体迈向社会必备的，职业是个体获取物质生存资料与精神发展的重要手段，职业技能与学习之间的联系不用强调，职业相关知识的学习在提高生产力以及社会发展上都能发挥重要的作用。

第四，闲暇娱乐的学习也是现代社会个体必备的学习内容。闲暇娱乐在我们的日常生活中占据了很重要的部分，但是休闲活动并不都是积极向上的，学习健康的闲暇娱乐活动能够在保证放松的同时又能促进人的发展。

第五，美感的学习。对于美的追求是人的本能，审美的能力对于个体精神方面的发展具有重要意义。

第六，健康的体魄是进行其他活动的保障，体力上的训练也是终身学习内容中的一部分。改变过去将体育训练当作某一部分人群以及某一阶段的任务的观念，同时也要将肌肉训练与脑力劳动等方面结合起来。

第七，重视公民相关内容的学习。"公民"一词蕴含了个体在国家中应当承担的责任，越来越多的人关心国家命运，学习政治知识，投身到社会建设中去，将国家的命运与自身的发展联系起来，才能保证国家的发展。学习如何做良好的社会公民是作为国家中的一员应该承担的责任。

在终身学习思想影响下，教师专业化更加受到人们的重视，教师终身学习也顺理成章地成为人们关注的焦点。终身学习理论揭示了教师学习的必要性和重要性，也给予教师学习实践以重要的启迪：教师需要树立终身学习理念；教师需要拥有自主学习的愿望和能力；终身学习是教师专业化的重要途径和方式；教师终身学习不仅是为了适应教育教学工作的需要，更是教师的一种权利。总之，在终身学习时代，教师理应成为终身学习的先驱者和表率。

第二章 乡村教师专业发展的内容研究

第一节 乡村教师的专业情义

专业情义在乡村教师专业素质中占有重要的地位，与乡村教师专业发展紧密相关，对专业发展的影响很大。同时，乡村教师专业情义具有促进专业知识、专业技能、专业行为发展的作用，它能促进乡村教师自主成长，是乡村教师专业发展的内驱动力，同时也是解决乡村教师职业倦怠的最好方法。

现代乡村教师在目前的专业发展中，虽然有深厚的文化底蕴，较高的专业知识，随着教育年限的不断增强，教学经验的不断丰富，乡村教师也能熟练地掌握教学技巧，有着较强的教育教学水平和能力。乡村教师是育人的工作，是与学生心灵交融，是一个生命影响另一个生命的过程，缺乏专业情义，即使乡村教师水平再高，也很难达到预期效果。从目前来看，各校普遍存在乡村教师专业情义不高的现象，严重影响了乡村教师队伍建设和教育教学质量的提升。

一、乡村教师专业情义的源起

乡村教师的专业情义的概念不是现在才有，古今中外的教育研究资料中都有涉及，我国明确提出"专业情义"这一概念是在 2001 年 9 月版的教育部师范教育司组织编写的《教师专业化的理论与实践》中，不过再版时（2003 年 2 月第 2 版）此概念换成了"专业态度"一词[1]。从我国已有的古代文献中不难发现，对乡村教师的专业情义已经有所涉及，只是在当时没有提出明确的概念。如《学记》记载"亲其师而安其学，乐其友而信其道"，明确

---

[1] 教育部师范教育司. 教师专业化的理论与实践 [M]. 北京：人民教育出版社，2003：44-77.

了什么样的师生关系才是教育的真谛。古往今来的大师，对弟子、学生都视如己出，并且也很尊重学生，与学生保持亦师亦友的关系。乡村教师不仅仅是教学，更重要的是育人，一个优秀的乡村教师会让学生体会到更多的关爱，乡村教师的人格魅力、渊博学识会让学生愿意接受教师的知识。学高为师，身正为范，为人师表就要求乡村教师首先作出表率，言行一致。"其身正，不令而行，其身不正，虽令不行"。身为古希腊三杰之首的大教育家苏格拉底认为，教育的首要任务是培养人的道德，即教人怎样做人。教育者首先自身要有高尚的职业品质。苏联教育家苏霍姆林斯基认为："乡村教师工作的对象是正在形成中的个性的最细腻的精神生活领域，即智慧、感情、意志、信念、自我意识。这些领域只能用同样的东西，即智慧、感情、意志、信念、自我意识施加影响。"[1] 捷克大教育家夸美纽斯提出："乡村教师应该亲切和善地教育儿童，使儿童在和蔼可亲和愉快的气氛中喝下科学的饮料"。德国教育家第斯多惠认为"教育的艺术不在于传授知识，而在于激励、唤醒和鼓舞学生"。美国1968年颁布的《教师专业伦理规范》（也称《NEA准则》）提出：对待学生，乡村教师要力争帮助每个学生实现发展自身的潜能，使他们成为有价值而且有用的社会成员；对待自己的专业工作方面，要竭尽全力提高专业的水平。

二、乡村教师专业情义的含义

"专业情义"这个词很少有专门的人去研究，关于"专业情义"的具体含义也没有确定。根据之前研究者的研究内容，专业态度是一个人对工作的态度，而专业情义不仅包括对工作的态度，而且更加注重在工作中工作者的情感，它的人文含义更加内蕴与深刻。有的学者认为乡村教师的专业情义是对教学的一种深厚的感情；也有人认为乡村教师的专业情义是乡村教师专业化成熟的一种境界的体现；当然更多的学者和专家认为乡村教师的专业情义是在专业的教学活动中形成的情感和意志力；有的学者认为乡村教师专业情义是一种情感倾向，它包括乡村教师对教育事业的态度、意识和专业精神，它是乡村教师长期在教学实践的过程中形成的。

---

[1] 苏霍姆林斯基.苏霍姆林斯基选集[M].蔡汀，王义高，颜品，译.北京：教育科学出版社，2001.

笔者认为，乡村教师的专业情义是乡村教师基于对所从事的教育事业的意义、教育价值基础上形成的精神状态与情感体验，是乡村教师的价值观与情感态度在教学实践活动中的高度融合，是乡村教师自身发展的根本动力。乡村教师专业情义的情感体验也包括了乡村教师对教育事业的热情程度和投入的精力，乡村教师专业情义是乡村教师专业素养的灵魂所在，乡村教师如果缺乏了专业情义，那么乡村教师会对自己从事的教育工作与教学活动失去工作的热情和动力。从心理学角度来说，乡村教师专业情义是一种感情，是乡村教师对教育工作、教学活动、学生感情的深厚倾注，乡村教师在教学中对工作和学生都产生了感情，尤其是责任感，对学生、对工作的责任感都是乡村教师教学负责的内在动力。

三、乡村教师专业情义的构成

目前，对于乡村教师专业情义的构成认识不一，有学者认为，乡村教师的专业情义是"乡村教师在教育教学实践过程中所形成和沉淀的一种情感倾向，它包括乡村教师对待教育的意识、态度和专业精神"。也有学者认为，乡村教师专业情义的构成要素可以概括为专业情感、专业期望、专业价值观三个方面。还有学者将乡村教师专业情义的内涵划分为四个方面，分别为专业理想、专业情操、专业性向和专业自我，或专业情感、专业信念、专业伦理和专业态度；等等。其中，不同学者所界定的内容各异，有学者将乡村教师专业情义界定为"专业知识和技能之外的情感、意志因素"，这样乡村教师专业情义涵盖的面就更广了，但是乡村教师的专业情义究竟应该包括哪些因素却没有定论，学术界也没有统一的意见。本研究将乡村教师的专业情义概括为以下四个方面：专业理想、专业情操、专业性向和专业自我。

（一）专业理想

专业理想表现为乡村教师对教育观念、教育理想和教育意义的肯定与信奉。乡村教师专业理想的核心是对学生的爱，包括诸如事业心、责任感和积极性等方面内容。专业理想为乡村教师树立了奋斗目标：成为一个优秀的、成熟的教育工作者。乡村教师热爱学生才会对学生认真负责；热爱教育事业才会甘愿清贫一生；积极的工作热情让乡村教师每天都精神饱满地去讲课。

(二) 专业情操

专业情操是乡村教师带有理性的价值评价与自身的教学情感体验，也是乡村教师价值观构成的重要基础，从某种意义上来说，乡村教师对学生的关爱是学生对乡村教师的敬爱的基础、是产生良好教育的基础，是师生之间进行的精神历程和心灵的对话的基础。乡村教师良好的专业情操是乡村教师的专业情义发展成熟的标志，是成为一名优秀教育工作者的重要因素。

(三) 专业性向

专业性向指乡村教师在教学工作中形成的自己所特有的教学风格或专业指向性。专业性向是乡村教师专业情义的重要外在体现之一，表现为乡村教师的敬业精神、认真的工作态度、专业的职业作风等。乡村教师是学生除了家长以外接触最多的人，也是学生学习模仿的重点对象。乡村教师表现出的敬业精神会影响学生的学习情绪，认真的工作态度会间接培养学生的学习态度。

(四) 专业自我

乡村教师的专业自我是自我肯定，是对自己从事的教育事业的认可与肯定。专业自我将会帮助乡村教师始终保持方向感和目的感，对所做什么有很清醒的认识。乡村教师专业自我的明确能够使乡村教师在教学活动中获得荣誉感与满足感，会使乡村教师以更加饱满的热情和积极的态度去工作。

就专业情义而言，最重要的品质是对教育事业的热爱，积极向上的人生态度，强烈的责任感和对学生的关心，甘为人梯的奉献精神，严于律己的工作态度，具有创新意识与合作精神，具有学而不厌、追求真理、学无止境的观念和习惯。

四、乡村教师专业情义的意义

(一) 对学生的意义——促进学生的个人成长

我们常说"乡村教师是人类灵魂的工程师"，是因为对学生的教育不仅

仅是教会学生学习，更重要的是教会学生做人。乡村教师看待学生就好像辛勤的园丁看待自己悉心照料的花朵，而良好的乡村教师专业情义能够使乡村教师更好地投入教学，能够更好地和学生进行沟通，可以更加深入、细致地认识学生，能够更好地关怀学生，有利于师生之间建立和谐、平等的关系，有利于提高学生的自信心，使学生学习更加积极与热情。乡村教师的使命是教书育人，重中之重是育人，是培养学生成为一个真正的"人"，而乡村教师的专业情义是乡村教师培养学生成人的重要因素。乡村教师的专业情义不仅对乡村教师的教学行为具有指导和调节的作用，同时对学生的成长也有着强烈的引导作用。小学阶段是可塑性最强的时候，乡村教师要在这个时期为学生树立良好的榜样，对学生的情感价值观作出正确的引导。

(二) 对教师个体的意义——为乡村教师专业发展提供不竭动力

乡村教师要成长发展就不能忽略乡村教师专业情义的作用。良好的乡村教师专业情义会督促乡村教师不断完善教学方法，提高教学能力，也有助于乡村教师对教学理念的准确把握。良好的乡村教师专业情义加深了乡村教师对教育事业与教育工作的认识，激发了乡村教师对工作的热情，让乡村教师以积极的态度去工作，也使乡村教师更愿意接受新的教学理念，尝试新的教学方法，同时能够使乡村教师更加准确地把握和运用教材，有助于乡村教师形成自己特色的教学风格，为自身的专业发展提供不竭动力。

(三) 对乡村教师群体的意义——优化学校的教学团队

乡村教师与学校就好比鱼和水，鱼在水里才能活得更好，水有了鱼才显得更活力。乡村教师自身的发展提高需要学校这个平台，学校也需要乡村教师来提高教学质量，进而推动学校的进一步发展。职业称之为职业的一个重要标准就是从业人员要具有服务公众以及终身奉献的意识。但目前实际情况却是乡村教师行业处于一个半专业的状态，我们的传统教学中学校对乡村教师的关心、乡村教师对学校的回报还没有达到一个良好的状态。我们受传统观念的影响，并没有认为乡村教师是一个职业，乡村教师行业的专业形态还没有真正形成，乡村教师这个行业要进入真正的专业化，需要全体乡村教师的共同努力。乡村教师群体的职业意识与职业素养需要通过每个乡村教师

努力做好自己来构建，个体凝聚成群体的力量，在乡村教师专业情义的引导下不断提高乡村教师的职业意识与职业素养，优化学校教学团队，提升职业素养，提高教学能力，推动教学团队的专业化进程，进而推动整个乡村教师群体的专业化。

首先，乡村教师的专业情义要求乡村教师忠诚于人民的教育事业，能正确处理教育事业利益与个人利益之间的关系。社会主义市场经济在促进师德进步的同时也产生了一些负面影响。有人把市场经济的竞争原则、等价交换原则等盲目地运用于教育领域，导致了功利主义的产生，有的乡村教师"课上留一手，课外搞一套"，甚至有个别乡村教师利用节日向学生索要礼品。这些都是教育领域中出现的怪现象。乡村教师应树立正确的自我价值实现尺度，忠诚于乡村教师专业，表现为对乡村教师职业具有献身精神和负责精神。在当前的新课程改革实践中，如果没有乡村教师热情洋溢的投入和高度负责的精神，没有乡村教师的密切配合，新课程改革就难以取得成功。

其次，乡村教师的专业情义要求乡村教师具有学而不厌、追求真理、学无止境的观念和习惯。教书育人是一项十分艰巨的任务。乡村教师要不断更新知识，掌握最新的信息，以科学的态度和方法进行钻研和学习，同时还要注意提高个人的觉悟和修养，积极探索教书育人的规律和艺术。

最后，乡村教师的专业情义要求乡村教师自觉遵守乡村教师的专业道德规范和行为准则，以身作则。古往今来，乡村教师就是一项与社会道德密切相关的工作，古代的"以德为师""以学为师"，就是说有道德有学问的人就可以成为乡村教师。长期以来，乡村教师经常被当成社会道德的化身，人们将乡村教师比作"人类灵魂的工程师"，将乡村教师比喻成"红烛"，等等。社会对乡村教师职业的纯洁性、高尚性的期望明显高于对社会其他职业的期望。为此，需要不断强化乡村教师职业的自我约束机制，建立规范的乡村教师职业道德和行为准则。

第二节 乡村教师的专业知识

一、国内外的相关研究

(一) 国外研究

在国外，关于乡村教师专业知识的研究中，影响较大的是舒尔曼所建构的乡村教师专业知识的分析框架。舒尔曼强调乡村教师的理解、推理、转化和反省，他认为乡村教师必须知道如何把他所掌握的知识转换为学生能理解的表征形式才能使教学取得成功。在这一理念支配下，他把乡村教师的知识分为七类：学科知识（content knowledge），指乡村教师上课的学科知识，包括具体的概念、规则和原理及其相互之间联系的知识；一般教学知识（general pedagogical knowledge），指各科都用得上的课堂教学管理与组织的一般原则与策略；课程知识（curriculum knowledge），指对课程、教材概念的演变、发展及应用的通盘了解；学科教学知识（pedagogical content knowledge），指各学科所需要的专门教学方法与教学策略；学生及其学习特点的知识（knowledge of learners），指学生在上课之前的准备情况，如何提高学生的学习兴趣等；教育情境的知识（knowledge of educational content），指学生的家庭、学校以及社会等环境对教学影响的知识；教育目的与价值的知识（knowledge of educational ends, purposes and values），如对学生的学习目的是以提升个人品格还是以升学为取向的认识等。舒尔曼等人研究发现，乡村教师的学科知识既影响乡村教师教学的内容、教学过程，也影响乡村教师对教学法的选择。舒尔曼等人提出的乡村教师的知识结构中，特别强调学科知识这一维度。

伯利纳等人试图从专家乡村教师与新手乡村教师的比较中发现专家乡村教师所具有的知识结构和特征。他们提出，专家乡村教师的知识结构可分为关于所任学科内容的学科知识、将学科知识转化为恰当的教学活动所需要的学科教学法知识和关于教室管理和组织的一般教学法知识三方面。

(二)国内研究

在国内,关于乡村教师专业知识的构成问题也引起了学者们的关注。有的学者认为,乡村教师合理的知识结构涵盖基础层知识、相关层知识和中心层知识三个层次,其中最为核心的是专业学科知识、教育科学知识及心理学等方面的知识。有的学者认为,乡村教师的知识结构主要包括以下三个方面。其一为专业知识。乡村教师一般都负担某一学科或某一领域的教学工作,掌握这一学科或专业领域的较全面和坚实的知识,是对一个乡村教师的基本要求。其二为科学文化基础知识。乡村教师在具有一定专业知识的前提下,还应当具有较广泛的科学文化基础知识,有较丰富的文化修养。其三为教育学心理学知识。乡村教师要搞好教育工作,就必须了解教育活动的规律和学生身心发展的规律。这就要求掌握一定的教育科学知识和心理科学知识。林崇德等人从认知心理学角度对乡村教师知识进行了研究。他们提出,教育活动是一种认知活动,乡村教师的知识是乡村教师认知活动的一个基础,乡村教师知识按其功能可以分为四个方面的内容。一是本体性知识。它是乡村教师所具有的特定的学科知识,如语文知识、数学知识等,是教学活动的实体部分。二是条件性知识。它是乡村教师所具有的教育学和心理学知识,对传递本体性知识起理论性支撑作用。具体而言,它又分为三个方面:学生身心发展的知识、教与学的知识和学生成绩评价的知识。三是实践性知识。实践性知识是乡村教师在教学实践中所具有的课堂情境知识以及与之相关的知识。这种知识是乡村教师教学经验的积累,对本体性知识的传递起实践性指导作用。四是文化知识。是指为了实现教育的文化功能,乡村教师还要有广博的文化知识,这样才能把学生引向未来的成功之路。

二、专业知识的组成

通过国内外的研究我们可以看出,学者们对乡村教师的知识结构组成有不同的认定。综合学者们的研究成果,结合新时代乡村教师专业发展的新变化,可以将乡村教师应该具备的专业知识概括为以下几个方面。

(一) 系统的学科专业知识

乡村教师的劳动是复杂的创造性的劳动，要成功地完成教育教学任务，首先要精通所教学科的知识，这就是我们所说的学科专业知识，包括该学科产生和发展的背景知识，该学科已有的知识和最新的研究成果以及发展的趋势，等等。杜威曾论述过这个问题：乡村教师在讲课时，必须有余力来观察儿童心智的反应和活动。学生的问题在教材中，而乡村教师的问题却在于学生对待教材的心理活动内容中。如果乡村教师预先不掌握教材，不精通教材，不经思考而运用教材，那么，他就不能自由地用全部的时间和精力去观察和解释学生的智力反应。乡村教师不仅要感受到儿童用文字表达出来的意义，而且要注意到身体所表现出来的各种理智状况，像迷惑、厌倦、精通、观念得醒悟、着装注意、夸耀的倾向、以自我为中心把持讨论，等等。杜威的这种看法是非常有道理的。教学的许多工作，如选择有价值的学习、向学生提出创造性的问题、为学生解决疑难问题，等等，都与乡村教师的学科知识精通程度有很大的关系。乡村教师只有系统地、扎实地掌握了学科专业知识，才能把握自己教学的学科，教给学生掌握各种知识和技能的方法，引导学生在学科知识的海洋里快乐地遨游；才能根据不同的教育对象选择有效的教学方法进行教学；才能充分发挥学科知识全面育人的价值，在教学中真正实现科学精神与人文精神、知识与人生的统一。

(二) 广博的科学文化知识

乡村教师专业化的特点之一就体现在对各种不同的知识和理论进行选择、组织、传递和评价，并在这个过程中进行知识创新和增值。这要求乡村教师不仅要了解和掌握某个具体学科的专业知识和理论，还必须更加广泛地学习和了解其他相关学科及领域的知识和理论以及各学科、领域知识之间的关系。此外，乡村教师工作的对象是人，教学工作应该具有人文性的特点，同时，今天的文化也有了比以前更加宽泛的内涵，这些都要求乡村教师具备广博的科学文化知识。再来具体结合到当前新课程的课程设置，"小学阶段以综合课程为主""初中阶段设置分科与综合相结合的课程""从小学至高中设置综合实践活动并作为必修课程"，这对乡村教师的科学文化知识范围提出

了直接的挑战。

(三) 坚实的教育学、心理学知识

乡村教师不仅需要所教学科的专业知识，还需要坚实的教育学心理学知识。

为什么乡村教师要熟悉心理学、教育史和各科教学法？这主要有两个原因。一个理由是，他能凭借这类知识观察学生的反应，迅速而准确地解释学生的言行，否则，学生的反应，可能觉察不出来；另一个理由是，这些知识是别人用过而又有效的方法，在需要的时候，他能够凭借这些知识给儿童以适当的指导。教育学、心理学知识不仅可以用来指导实践，它也是乡村教师是专门人才的标志之一。具体来说，教育学知识包括教育教学基本理论、各科教材教法、教育史、教育社会学、教育法学、比较教育、现代教育技术、教育改革与实验，等等。心理学知识包括基础心理学、认知心理学、教育心理学、教学心理学、发展心理学，等等。乡村教师不仅要善于在教育实践中学习和运用教育学、心理学知识，还要善于将自己的教育实践，尤其是成功的教育教学经验加以总结，提升为揭示教育规律的新的理论知识。

(四) 丰富的个人实践知识

我们经常听到这样一个问题："为什么学了教育学、心理学，有的乡村教师还是不会教书？"这就牵涉到乡村教师的实践知识。乡村教师的实践知识是乡村教师在教育教学实践中使用以及表现出来的知识。乡村教师的实践知识通常呈内隐状态，基于乡村教师的个人经验和个性特征，镶嵌在乡村教师日常的教育教学情境和行动中，是隐藏在知识冰山底部的大部分，具有隐蔽性、非系统性、缄默性等特点，比较难于把握。

此外，乡村教师实践性知识的养成还极具复杂性，体现在以下几个方面。

(1) 它横跨知识、态度与技能三个方面的学习领域，是由言语信息、智慧技能、认知策略、动作技能和态度五种学习结果综合而成的习得性技能。

(2) 它的形成需要长时间的投入和揣摩，并且具有顿悟性和直觉的特点。

(3) 它具有"转知成智"的特点，一般的知识（如概念、信息、原则、规

则等）回到具有整体特征的情境中，知识拥有者在与环境的相互作用中实现"转知成智"的飞跃。

尽管乡村教师的实践性知识养成极具复杂性，然而，实践表明，乡村教师的实践性知识是乡村教师专业发展的主要知识基础，在乡村教师的工作中发挥着不可替代的作用。首先，它在乡村教师接受外界信息时起过滤的作用。它不仅对乡村教师所遇到的知识进行筛选，并在乡村教师解释和运用实践性知识时起重要的引导作用。其次，它具有强大的价值导向和行为规范功能，指导甚至决定着乡村教师的日常教育教学行为。最后，教育是一种具有高度复杂性和情境性的特殊的实践活动，已有的教育理论不能完全有效地指导纷繁复杂的教育教学活动，必须依靠乡村教师实践知识的支持。

基于乡村教师的实践性知识及其养成以及所具有的作用，日后乡村教师专业发展的理论与实践研究中，应重视乡村教师的实践性知识的获取，并强化实践性知识在未来乡村教师专业发展中的突出作用。

第三节　乡村教师的专业能力

一、关于乡村教师专业能力的研究

与乡村教师的专业知识一样，乡村教师的专业能力也是乡村教师专业素质结构中的一个重要组成部分。乡村教师的专业能力是乡村教师专业素质的外在体现，同时，乡村教师专业能力的提高又会进一步增强乡村教师的专业素质。研究者在研究乡村教师的专业素质结构时，都必然会对乡村教师的专业能力进行研究。对乡村教师专业能力的论述很多，对乡村教师的专业能力结构的具体成分也是众说纷纭。

有的学者认为，乡村教师的专业能力结构包括教学能力，语言表达能力，教育观察能力，注意分配能力，思维的系统性、逻辑性和创造性，教育想象能力和教育机制。有的学者认为，乡村教师的专业能力主要有思维的条理性、逻辑性，口头表达能力和教学组织能力。有的学者认为，乡村教师的专业能力包括信息的组织与转化能力，信息的传递能力（语言表达能力、非语言表达能力），运用多种教学手段的能力，接受信息的能力。有的学者认

为，乡村教师的专业能力包含三个方面：对教学对象（学生）的调节、控制和改造的能力（了解学生的能力、因材施教能力、启发引导能力、教会学生学习的能力、组织管理学生的能力），对教学影响的调节、控制和改造的能力（对教学内容加工处理的能力、对教学方法手段的选择运用能力、合理运用教学组织形式的能力、语言表达能力、检查教学效果的能力），乡村教师自我调节控制的能力（较强的自学能力、较强的自我修养能力、敏感地接受反馈信息的能力）。有的学者认为乡村教师的专业能力结构包括基础能力（智慧能力、表达能力、审美能力），职业能力（教育能力、班级管理能力、教学能力），自我完善能力和自学能力（扩展能力、处理人际关系能力）。叶澜教授认为，乡村教师的专业能力结构包括一般能力（智力）和乡村教师专业特殊能力。乡村教师在智力上应达到一定的水平，它是维持乡村教师正常教学思维流畅性的基本保障。乡村教师在专业特殊能力方面可以分为两个层次：第一个层次是与乡村教师教学实践直接联系的特殊能力，如语言表达能力、组织能力、学科教学能力等；第二个层次是有利于深化乡村教师对实践认识的教育科研能力。

二、乡村教师专业能力的组成

综合众多学者的研究成果，结合当前乡村教师专业能力发展的实际，我们认为，乡村教师专业能力在结构上包括以下几个方面。

（一）信息能力

所谓信息能力，它包括两层含义。一是指获得信息的能力，即接受、加工、处理信息的能力。乡村教师要通过各种渠道，吸收各种新知识、新理论、新技术，经过选择、加工、提炼和综合，传递给学生。二是善于利用信息，即能利用信息进行判断并能高效地利用信息表达个人的教育观念或思想，作好教育教学决策。生活在信息化社会的学生，接收信息的渠道多样而复杂，其吸收信息、加工信息的能力远超过乡村教师。乡村教师如何更快地融入信息化社会，以提高自身的信息处理能力，已成为乡村教师专业能力发展的基本需求。

（二）课程能力

乡村教师的课程能力主要包括以下三个方面：课程的组织与实施能力，课程的评鉴与选择能力，课程的设计与开发能力。课程的组织与实施能力是指乡村教师为实现所设计的课程规划，在师生的实际相互作用中运用教学形式、媒体、方法和模式等方面所表现出来的能力，主要表现在教学组织和教学能力上。课程评鉴能力是指乡村教师在研究课程价值的基础上，判断课程在改进学生学习方面的价值的能力。课程的选择能力是指乡村教师对正式课程的目标和内容进行某些具体的改动以适应具体的课堂教学情境。课程设计能力是指对课程目的、课程内容、课程评价、课程结构等作出规划和安排。课程开发能力是指借助学校教育计划的实施与评价，以改进课程功能的活动的总称，以达到拓展学生经验的目的。

（三）研究能力

在当今社会，教育系统和教育对象比以往更加复杂，学生的自主性增强，教育内容变化加快，教育技术更加先进，教学形式更加多样。这些变化对乡村教师提出了许多新的问题。这就要求乡村教师能够进行有效的科学研究，自觉地掌握教学规律，探讨和发现新的教育方式和教学方法，以保证教育活动的顺利进行。

（四）教育预见能力

教育效应的滞后性决定了教育的设计和实施要具有前瞻性。随着社会发展速度加快，教育的前瞻性、教育和社会经济发展的不平衡性等特征将更加突出。乡村教师要根据经济社会运行规律、科技发展变化趋势等可能给教育带来的重大影响，相对准确地预见教育的未来发展，积极采取对策，制定合理的教育目标。总之，不论教育目标的确定，还是教育对策的制定，都需要乡村教师具有超凡的教育预见能力。

第三章　新课标下乡村音乐教师音乐专业素养

第一节　新课标下音乐教师音乐专业素养的构成及其标准

在当前发展学生核心素养的背景下，对教师的专业素养的要求也越来越高。音乐教育学科是一门综合性的、创造性的、审美体验性的课程，是培养中小学生专业素养的重要组成部分。增强中小学音乐教师的专业素养，是培养学生音乐专业素养的关键。

一、教师专业素养的内涵

(一) 素养的定义

素养是指一个人的修养，包括思想政治素养、文化素养、业务素养、身心素养等各个方面。素养是偏好、态度、意图的集合，以及以特定方式体现偏好的相关能力。素养包括道德素质、外貌、常识和能力。素养主要具备两大本质。第一个本质是素养为后天习得的，并强调素养不是先天的和遗传的，是可以通过后天接受教育来进行培养的。第二个本质是素养是一个"冰山模型"，可以通过公式"素养＝(知识＋能力)态度"来衡量和评估，在素养的提升上，热忱的态度非常重要，终身学习才能使个体素养适应飞速变迁的时代。

(二) 专业素养

专业素养是指专门从事某种学业或专门的学问。学习者在进行课程学习时，通过学习知识和进行实践，使得自身具备学科专业知识的应用技能、操作技能与实践技能，同时也使自身具备了学科的基础知识、基本技巧和基本经验，这是学习者掌握的专业知识技能的综合，也是学习者的专业素养。

学习者通过长时间的练习与实践，习得了专业化的技能与理论，掌握了专业学科综合知识。

《教师专业化的理论与实践》提出，教师的专业素养应包含三个方面：专业常识、技能与情绪。孟万进教授谈到，教师的专业化包括四个体系：指导教师的专业化成长的心脏是专业理念；教师专业成长的核心是专业技能；专业成长的驱动力是专业情怀；专业规范成长的基本原则是专业规范。

在《论音乐教师的素养》中，姚旭辉提到教师应具有的素养。第一，音乐课程的主要知识是基本知识。第二，音乐示范能力要强。主要体现在"唱歌、演奏、跳舞、指挥、演奏、唱歌和即兴伴奏"等方面。第三，深厚的艺术修养。指较好的艺术和世界观、丰硕的文化艺术知识、丰富的经验、稳练的技巧和能力，稳定的心理素质。第四，综合运用知识的能力。第五，还须把握现今先进教育思想，可以利用本专业相关知识促进教学方法的改善。

据此，本研究将音乐教师的音乐专业素养归纳为音乐理论知识与人文素养和能力素养。音乐理论知识素养是指音乐教育专业领域内的基本音乐本专业理论知识、音乐交叉学科知识和音乐相关文化知识。能力素养包含教师的专业技术能力、表演能力、创作能力和科研能力。其中，专业技能素养主要是指音乐教师在音乐教学过程中必须具备的演唱技能、演奏技能和指挥技能。

(三) 教师的专业素养

专业是指主要研究某种学业或从事某种事业。作为专业工作者，教师要想实现自身的专业发展，承担起育人的责任，培养学生成为全面发展的人，就要接受系统的知识和技能方面的专门教育，以涵养教师专业队伍所必备的专业素质，并在今后长期的实践中随时增添新的知识、补充新的技能、掌握新的工具。

教师专业素养的基本内涵界定为专业情谊、专业知识和专业能力三大方面。

1. 专业情谊

在教学实践中，教师要用高尚的思想教化学生，用智慧来启迪学生，用情感来感染学生，用个性来影响学生，以及用优秀的品格来影响学生。这些

都必须建立在教师具备较高的专业素养的基础之上。[①]教育需要关爱和信任。教师只有关爱学生，学生才能信任教师，以爱和信任为前提，教师对学生的教育影响才会发挥良好的作用。教师对教育事业的责任心和使命感、教师的师德是教师专业素养中的重要部分。

2. 专业知识

乡村教师要具备针对中小学生的发展知识、学科知识、教育科学知识、通识性知识等专业知识。以生为本的核心是理解儿童，这需要教师对教育对象加以观察，遵循中小学生身心发展特点和教育教学规律，促进中小学生生动活泼地学习、健康快乐地成长。绝大多数教师都经历过的系统的学科知识与技能的训练，经过教育学、心理学的学习而奠定了良好的教学基础。按学科进行教学则要根据教学大纲对知识进行选取和组合。教师要了解通识知识，如人文知识、信息技术的知识，在教授学科知识的同时也能更多地体现出人文精神和情怀，增加学生的学习兴趣，并对所学知识理解得更加透彻。教师具有渊博的知识，才能在教学中触类旁通，举出最易激发学生兴趣、帮助学生理解的事例，或在课堂上加入一些知识小游戏，这样更易于学生接受。此外，教师还应跟上时代发展的步伐，不断更新知识，紧跟学科进展，参加培训、进修等，为达到更优质的教育教学效果而终身学习。

3. 专业能力

教师自身的专业知识与专业技能是教学的基础，优秀的教学规划、创新的教学设计和教学实施等都是教师应具备的专业能力。[②]教师应具备一定的教学设计能力，对一门课程的教学有总体的规划，对一堂课的教学目标、教学内容、教学方法、教学手段、教学管理都要进行设计。对围绕教学重点展开的案例讨论、视频插入，以及以某一课程内容为发散点的思维训练等都要提前进行设计。教师应具备了解学生及与之交流的能力，了解学生对课程的兴趣和学习的需求，才能更好地开展教育教学。例如，在教学中教师可以创设教学情境，与学生互动，开展小游戏、讲故事等，组织讨论或进行表演，把学生作为课堂教学的主体，让学生喜欢教师及其课程。教师还应具备

---

① 武国涛.教师专业素养提升的必要性和重要性探讨[J].新课程,2018(02)：46.
② 陈灵芝,夏淑.基于《中小学教师专业标准》的中小学教师核心素养的培育[J].科普童话,2019(14)：3.

组织管理能力，课堂教学要能够维持良好的秩序。中小学生的生理、心理特点较为特殊，他们活泼好动，注意力集中时间较短，因此，对其要采取灵活多样的管理方式。此外，教师还应具备"择宜"的素养，根据学生发声的具体情况采取最恰当的办法。

二、音乐教师专业素养的内涵解析

中小学音乐教师的专业素养与一般教师专业素养有共通性，也具有音乐学科的特殊性。音乐课程的价值体现在教学过程中，即为学生提供审美体验，陶冶情操，启迪智慧，开发他们的创造性潜能，提升创造力，促进人际交往和情感沟通等。笔者在充分研究有关文献的基础上，结合教师的专业素养，将中小学音乐教师素养归类为专业情谊、专业知识、专业能力三个维度并进行探讨，希望有助于提高中小学音乐教师专业素养且使其更好地投入中小学音乐教学实践。

(一) 专业情谊

1. 具有责任式理想

义务教育阶段的音乐课，应当面向全体学生，使每一个学生的音乐潜能得到开发并使学生从中受益。中小学音乐教育是中小学生音乐潜能开发的重要途径，是塑造中小学生健全人格的一项不可或缺的内容。音乐教育自身的人文性决定了它的向善特点。音乐教育在伦理意义上的益处，不仅是指其内容本身的审美因素，还包括音乐教师自身的伦理道德。育人也是音乐教师最基本的职责，中小学音乐教师不仅要把音乐知识、音乐技能传授给学生，更重要的是通过美感教育来培养中小学生的道德情操，使学生都能欣赏美、体验美、创造美，成为全面发展的人才。

2. 具有愉悦式理念

愉悦式教学理念一方面是音乐教育过程带来的愉悦感，另一方面是师生关系上的愉悦感。音乐具有审美的特性，决定了音乐教育是一种审美教育实践活动。音乐通过灵动的音符、优美的旋律，传递给人们精神愉悦。音乐是快乐的，而兴趣则是音乐的萌芽。教师从愉悦式理念出发，能营造出轻松自然的学习环境，形成良好、和谐、平等的师生关系，使自身感受到音乐教育带来的愉悦感，同时引导学生产生对音乐的兴趣。

3.专业自我发展意识

全面提升学生音乐素养是音乐课程的总目标。中小学音乐教师需具备专业自我意识和能力，在完善和提高自身专业素养的同时，提高学生的音乐素养。中小学音乐教师应通过自我反思，发现问题，解决问题，从实践创新中不断完善并提升自身的教育教学能力，从而更好地投入音乐教学中，达到更优质的教育效果，实现自我价值。

(二) 专业知识素养

在新课程标准理念下，根据上述知识结构的特点，笔者将中小学音乐教师的专业知识结构分为以下几个方面。

1.音乐基础理论素养

中小学音乐教师的专业知识应包括音乐基础理论知识、音乐技术理论知识。中小学音乐基础理论知识包括基本乐理、音乐欣赏、艺术概论、美学音乐学等专业知识。音乐理论知识具体还包括识谱、节奏节拍、速度、表情术语等。音乐技术理论知识分为和声、曲式、作曲法、配器法等。音乐理论知识是一名合格的音乐教师应具备的专业知识，其作用是指导歌曲演唱、乐器演奏、音乐欣赏、音乐创作，使理论与实践紧密结合。

2.音乐教学理论知识

音乐教育理论知识包括音乐教育学、音乐心理学、音乐美学、哲学、音乐社会学。音乐教育理论知识，是音乐课堂的重要组成部分，与音乐基础理论是同等重要的。只有重视音乐理论的学习与应用，才能从内在提高教师的专业素养。一位合格的音乐教师对学科知识的把握体现在对教学进行准确的评估，对教学资源、方法与策略的正确选择。中小学音乐教师应充分掌握音乐教育理论知识，研究音乐教学的基本规律和方法。

3.人文学科知识

音乐课程标准明确提出了音乐要与文学、美术、历史、地理等学科相结合。音乐教师的人文学科知识也包括社会学、宗教学等。音乐教师不仅是音乐知识和能力的传播者，更是传播文化艺术的媒介。音乐教师除了了解本民族音乐外，还应了解其他民族和外国的音乐风格、流派特点等，增进对世界

音乐文化丰富性和多样性的理解，全面、系统地了解人类文化，对文化现象有正确的认识。这有助于帮助学生树立正确的世界观、人生观、价值观。中小学音乐教师良好的人文素养在日常教学中会不断渗透，潜移默化地影响着学生的人生观、价值观。音乐教师的人文素养是十分重要的。

（三）专业能力素养

素养必须与必要的能力结合，素养激励并引导能力的发展。如果说知识是教师专业能力的资源与起点，那么能力则是对教师专业知识的内化与超越。中小学音乐教师的专业能力，即指音乐基础能力、音乐教学能力、音乐信息技术能力、音乐学科整合能力、实践与创新能力。

音乐学科是一门带有技术性的学科，作为一位音乐教师，音乐能力是最基础的能力。对于中小学音乐教师而言，音乐能力不单单体现于自身某一专项的技能方面，还要掌握多种音乐技能。

1. 音乐专业知识技能

歌唱能力。歌唱能力是音乐教师应具备的基本功。歌唱是音乐传递情感最直接的方式。教师的范唱除了歌唱方法正确、咬字清楚外，更应做到以声传情，增强音乐的感染力，促进学生审美鉴赏能力的提升。歌唱能力是中小学音乐教师体现基本音乐技能的首要能力。

乐器演奏能力。乐器演奏是音乐教师的基本功之一。中小学音乐教学使用最多的乐器就是钢琴，因此，钢琴弹奏技能十分重要。与高校音乐教师相比，中小学音乐教师钢琴演奏技能不在于深，而在于基本弹奏能力与伴奏能力。钢琴基本弹奏能力主要包括正确处理乐曲的分句、踏板、强弱规律等。伴奏能力包括识谱伴奏与即兴伴奏。中小学音乐课本大多为简谱，但作为音乐教师，对五线谱的熟练也是必不可少的。

指挥能力。中小学音乐教师通常是学校合唱队的组织者，负责组织合唱队、指挥乐队以及参与全校性大型音乐活动。教师需要正确地理解乐曲、准确把握情感方向，并营造歌曲情绪氛围，是学生合唱的指挥棒。教师应掌握不同年龄段学生的声音特点，选择适合的歌曲与声部；应具备合唱编排的审美能力以及团体合作的组织能力。合唱指挥能力是教师音乐基础能力的综合体现。教师只有具备良好的专业技能，才能运用正确的歌唱方法，帮助中

小学生树立正确歌唱的声音概念,指导学生正确地歌唱;较高的演奏水平则能激发学生的音乐兴趣。

2. 音乐教学能力

音乐学科的教学目标可从三个层面进行划分——互动进行教学设计,精心选择教学内容,有逻辑性地进行教学过程。如通过师生互动、生生互动,使学生对音乐课程充满期待感,激发学生对音乐学习的兴趣与热情。音乐教育是情感体验教育,所以,音乐教师还要具备良好的音乐体验能力和较高的音乐鉴赏水平,这往往决定着音乐教学的水平和质量。音乐教师较高的艺术文化修养,能有效地引领学生提升审美体验与鉴赏能力。

有计划、有目标、有针对性地开展课堂教学一定是教师对教学设计精心准备的体现。音乐教师要将音乐课程标准要求与教学内容相结合,以审美为核心、兴趣为前提,注重音乐实践体验感,还需关注音乐作品的创作价值与艺术特征;对音乐作品的节奏、音乐走向、曲式结构、作曲家生平以及音乐创作背景深入了解。另外,音乐教师要了解授课群体的基本情况,依据年龄段认知水平、心理发展过程对学习者进行学情分析;确定教学目标与课程重点、难点,查阅相关资料,汲取教学经验对重难点作出预设性以及解决方案。此外,有针对性地备课才能真正提高教学质量。

3. 音乐信息技术能力

中小学音乐课信息技术能力是新课改对中小学音乐教师的新要求。音乐课堂中融入多媒体信息技术可以更好地吸引学生眼球。生动有趣且内容鲜活的课件能更好地吸引学生注意力,使学生对音乐课的热情增加。多媒体在教学中的应用有利于培养学生的音乐文化素养,使音乐课堂具有趣味性,同时,教学质量也会得到提升。教学中合理运用信息技术能将乐曲的画面感更直观地展现在学生眼前,将听觉与视觉相结合,使学生身临其境感受音乐,更好地理解歌曲的内涵。例如,在学习《我抱着月光,月光抱着我》这一课时,笔者应用多媒体教学课件展示出静谧的黑夜中、皎洁的月光下,彝族人民在红河两岸点起炽热的篝火、载歌载舞的生动画面;伴随着音乐与画面讲解云南少数民族彝族的音乐风格与音乐表现要素;在课件上播放彝族人民欢歌舞蹈的视频资料,并依据视频资料引领学生学习简单的舞蹈动作,感受少数民族的炽热淳朴,更深入地理解歌曲的内涵。

4. 合理运用音乐教学方法的能力

教学方法是教学中，教师为了有效完成教学任务，达到教学目标，所采用的工作或行动方式、手段的总称。音乐教师要注重教学方法的运用，如情趣导入法、游戏法、发散思维等方法。如音乐教学中让学生自由分组，使用奥尔夫教学法进行合作与互动，在乐曲播放时，跟着音乐律动找出节奏点，跟着伴奏进行强弱拍交替练习，增强学生对音乐的表现能力，从而激发学生的音乐创造能力。

5. 音乐教学实践创新能力

音乐新课标中明确指出，创造是艺术乃至整个社会发展的根本动力，是艺术教育功能和价值的重要体现。音乐创造能力包括即兴伴奏能力、音乐作曲能力等。音乐创新能力是新课改要求最终达成的目标。这需要教师具有扎实的音乐创作编配能力和创新能力。音乐教学中，教师运用伴奏织体的即兴变换，使同一首歌曲在不同伴奏模式下弹奏出不同风格。音乐教师的创作能力，是音乐教师专业素养特殊能力的高级体现。

此外，中小学音乐教师在培养学生专业素养理念下，要具有艺术的综合素养，在教学中需要广泛地综合相关文化领域的元素，完善音乐课程，使学生有一个完整、和谐的艺术素养空间。[1] 同时，结合课标提倡的学科整合的新理念，中小学音乐教师还应具备综合音乐与舞蹈、戏剧、美术以及其他学科的能力。

综上所述，素养是知识、能力、态度的综合体现。中小学音乐教师专业素养的专业情谊、专业知识、专业能力是相辅相成、缺一不可的。音乐教师是实施美育的引路人，是实施音乐教育的操作者，只有不断提高自身的素养，才能更好地体现音乐教育的价值，将音乐的美传递给学生，为中小学生音乐素养的建立和提升奠定坚实的基础。

三、新课标对音乐教师音乐专业素养提出的要求

自新版音乐课标颁布至今，中小学音乐教育又成长到了一个新的阶段。其中对学科基本理念、课程评价、教学领域、学科目标都作出了重大改革。音乐教师的音乐专业素养必须与时俱进，必须不断进步来达到要求，才能真

---

[1] 王静. 论核心素养下中小学音乐教师应具备的能力 [J]. 当代教研论丛, 2019(09): 123.

正将音乐新课标的相关标准在音乐课堂上落在实处，也才能进一步推动和保证基础教育改革的实施。新课标对音乐教师应该具备的专业素养提出了更高要求，通过分析课标，音乐课程标准主要有如下变化：第一，更加侧重所教授对象的兴致，要开发其踊跃参加和探究音乐的能力；第二，要将授课对象对音乐的听觉感受放在第一位，突出学科特征；第三，不能只是传授视唱和乐谱等专业知识点，要降低音乐课难度，通过视听结合的方式熟悉曲谱；第四，要重视音乐的人文学科素养，重视音乐课堂与相关常识的紧密结合，要把握音乐常识技艺学习与音乐审美和文化认知的关联。音乐教师作为音乐课标的落实者和音乐学科的开拓者，必须不断地更新教育观念和转变教学方法。新课标对音乐教师的音乐专业素养的要求作出如下总结。

(一) 音乐新课标下要求音乐教师须有扎实的知识素养

新课标对学生学习音乐课程的知识与技能目标进行如下规定：要掌握音乐本专业的基础知识（音乐基本要素、演唱、演奏、识读乐谱、了解常见音乐结构与体裁、创编等）；在音乐文化方面要了解音乐发展简史、知道一些著名的音乐家、简单地识别不同民族的音乐历史与文化、扩展音乐文化的视野、了解姊妹艺术和交叉文化知识等。新课标在对情感态度与价值观的目标中，不仅扩大了音乐进修的领域，更希望学生能够通过音乐作品更加热爱本民族优秀的音乐文化，在此基础上进一步领会世界文化的多姿多彩。俗话说得好："学生一杯水，教师挖泉人。"教师作为音乐课程授课者，须掌握扎实的本专业知识、广泛的姊妹艺术知识和跨学科知识。中小学音乐教师，首先，应该系统地掌握音乐学科的基本理论（音乐理论、视唱练耳、基本和声、音乐形式分析、中西音乐史、歌曲创作、音乐美学、编排等）。音乐教师必须熟练地掌握姊妹艺术（戏剧、影视、跳舞等）的基础知识，才能触类旁通地在艺术的大背景下进行音乐课的教学，才能使得学生提升艺术素养。新课标规定了人文性为音乐的学科性质之一，音乐的人文性指的是人在音乐中的文化传承，音乐作为文化中的一部分，不能脱离文化整体而独立存在。音乐包含了很多人文内涵和内容，更是对音乐教师提出了更新更高的要求，教师需要启发学习者去领悟和感受音乐文化的内在涵养，教师在备课的过程中，无论是在学生、学情还是在教材方面，都要考虑人文素养互联性，特别

是在音乐课讲习时，学习者应学习音乐和相关文化，拔高音乐的专业性和人文素养，提升自己的创造力，使他们了解音乐与美学、与文学、与生活、与历史、与姐妹艺术之间的关系。例如学生能够通过音乐作品去了解本民族的传统的优秀文明；再如，很多学生以音乐为媒介，通过学习国外优秀的音乐作品去感受异地的文化内容，像蒙古族的作品《清和世界的太阳》，学生能够去感受长调的大起大落和内蒙古自治区广阔草原的人文风景。中小学音乐教师良好的人文素养会在音乐课中耳濡目染地影响到中小学生，帮助学生培养健全的人格，使得学生的文化生活更加丰富多彩，也开拓学生的民族文化视野。

(二) 音乐教师还应该具备专业技能与能力素养

新课标要求学生能够亲身参加唱、奏、舞、编创等艺术实践活动，从而掌握音乐的基本技艺和基本知识，提高音乐的审美能力。新课标对音乐课程的知识与技能目标提出了如下要求：学生能够通过学习演唱、演奏、创作等初步技能，能够自然有表现力地演唱、演奏教材作品，了解创作的基本原理，能够在学习实践过程中规范使用简谱或者五线谱。音乐演唱，包含着音乐教师的自唱和范唱。唱歌应该是绝大多数音乐教育者的强项，音乐教师除了能够演唱自己擅长的音乐风格外，也要能够对教学内容相关的其他音乐风格的作品进行示范演唱。中小学音乐课本中，包含了大量的不同风格和国家的作品，甚至还有英文歌曲，同时课本中也有齐唱、重唱、轮唱和合唱作品，这就要求音乐教师既要能够准确地边弹边唱，又要把握各声部教学并起到良好的示范作用，这样才能使得学生大胆、天然、具有生命力以及满怀信心地演唱作品。演奏，除了能够演奏自己的主专业外，须有较强的伴奏水平。不同年级的学生发声状况不尽相同，低年级的学生声音尖细，高年级的学生因处在变声期而声音低沉，在音乐课的教学过程中，有时候需要根据音乐活动展开即兴创编，因此在弹奏的过程中就需要对歌曲进行移调弹奏和即兴伴奏。在音乐的歌唱课教学中，大多数时间教师都需要自弹自唱，而在学生演唱的时候也要为其伴奏，这样的音乐课堂才是较为完整和丰富的。音乐教师最好还能掌握一种打击乐器或者管弦乐器，特别是打击乐器，学生学起来既简单又能直接地感受音乐节奏与节拍的魅力。

音乐教师应尽可能地做到"一专多能",因此除了需要具备演唱和演奏两大专业技能外,为顺应时代发展,达到新课标的标准,还需要具备表演能力、创作能力、科研能力三大复合能力素养。音乐新课标增加了"创作"领域的学习内容,要求推动中小学生创造,增强创造意识,让学生在学习情境中进行实践,由此来看又对音乐教师提出了新的挑战与要求。"创造"是指教师在课堂教授过程中的即兴创作以及运用一些音响材料来进行即兴音乐内容创作,它包含着一切带有创作的音乐教学内容,例如即兴舞蹈的表演、利用生活材料制作器乐、伴奏音乐、歌曲作品创编等。

新课标在课程目标、课程内容和理念等方面都强调学生要掌握一定的创作理论,以此培养创作能力。这对教师的创作能力提出了更高水准的要求,需要音乐教师在课堂中将创作能力对学生的影响融入整个教授过程中,所以教师必须在实际锻炼下培养创作力,必须擅长用新颖的方式指引学生去摸索与创作。对于中小学音乐教师而言,创作能力不仅体现在音乐上面,也体现在音乐与生活的创作,还体现在音乐与文化的创作,如教师能够根据相关文化创作一些舞剧和戏曲、根据当地特色创作一些声乐作品(如炎陵当地的客家山歌)。通过教师的创作,使学生能够感受真正的音乐美,走进音乐文化,逐渐培养学生的创作能力。

新课标认为现代的教师应是专业技能和科研于一体的创新型人才。落实新课标成功的关键在教师转变观念,只有教师转变传统观念才能推动新课程顺利有效的实施。当下音乐课有着丰富多彩的课程内容,教师必须在获取系统的音乐知识与能力的基础上,积极参与教育科研活动,努力培养与提高科研能力,为新课标的顺利执行提供可参考的宝贵建议。

四、音乐教师的专业素养结构及标准

新课标要求音乐教师应具有专业的音乐理论知识与人文素养,以及扎实的专业技能素养和丰富的能力素养等。

(一)专业的音乐理论知识与人文素养

音乐的专业知识是中小学音乐教育者进行音乐教育的基础,主要包括和声、视唱、练耳、乐理和音乐史等。音乐理论知识的掌握是音乐教师实施

音乐教学的必要前提，因为音乐课的开展必须建立在一定的音乐基础知识之上。例如在教唱一首歌曲时，音乐教师必须快速地识谱和较为准确地把握住音乐的节奏、音准和旋律的情感等。专业知识掌握的程度体现出音乐教师的深度和宽度。同时对音乐学科的产生发展等知识，能够形成统一、完整性、结构性的知识体系，并能够运用自己的专业知识处理和完善教学中的问题。除此之外，还需掌握基本的音乐教学理论、音乐专业课程理论，并能够运用多种教学方法进行教学，在具体的工作中将理论与实践结合在一起，解决教学过程中遇到的问题。

随着基础教育的不断改革与推进，新时代的音乐教师应该具备广博的文化素养，不仅要具备本专业的知识，也应该不断扩充知识面。音乐与文化是局部与全体的关系，音乐作为文化大系统中的一部分，是不能脱离整体单独存在的。良好的人文素养也是音乐教师需要具有的，音乐学科是人文学科的重要范畴。在新的音乐课程标准中，初中音乐学科的性质清楚地表明，音乐学科具有鲜明而深刻的人文精神，因此，中小学音乐教师必须具有出色的人文素养。中小学音乐教师不仅要教授学习者正确的音乐常识，更要"以人为本"传承文化。中小学音乐教师的人文素养主要有姊妹艺术、社会学科以及自然科学等相关常识。

在当下课程综合化改革的背景下，音乐教师需要熟悉并掌握舞蹈、戏剧、文学、科学等方面的基础知识，只有这样，才能在课堂上整合音乐、文学、舞蹈、戏剧等艺术形式的知识和背景文化，打破音乐与其他学科之间的壁垒，用非常形象的教学内容提升学生学习音乐的兴趣，以此促进学习者的人文与音乐素养的提升。而像社科类和自然学科类的文化素养，看似与音乐教师的专业素养关联不大，其实有着非常紧密的关联，比如因为不同的地理位置和环境而形成的风格迥异的民歌，以民歌为例，领略了号子的"一领众和"，又感受了山歌的自由高亢。

(二) 丰富的能力素养

1. 扎实的专业技能素养

专业技能素养指中小学音乐教师必须具备的演唱和演奏技能，专业的音乐教师一般都有自己的一技之长，如中外民族器乐、声乐、钢琴和跳舞

等。主专业是音乐教师进行教学和树立权威的重要途径,因此在音乐课上要注重将课型与自己的主专业合理结合,并在课后要加强主专业的练习,这是教师立足之本,教师良好的主专业基本功和舞台演绎能使音乐课堂教学具有足够的感染力。除了自己的主专业能力,钢琴伴奏的能力也尤为重要,钢琴伴奏在音乐课堂中的用途十分广泛,无论是在音乐欣赏课还是歌唱课,甚至在音乐兴趣小组和班级合唱课中使用频率都非常高。另外,从教材架构来看,小学音乐课程歌唱课比例达到80%左右,中学音乐课程歌唱课比例达到50%左右,因此音乐教师必须具备良好的声乐歌唱素养,既要能够在教学中教师根据音乐作品的风格进行准确示范,也要能够指导不同年龄阶段的学生用健康正确的方式发音。

2. 表演能力

在课堂上,音乐教师既是课堂的导演又是演员,而讲台就是课堂的舞台,音乐课是音乐教师和学生共同创造的舞台。音乐表演是教师通过音乐作品二度创作的行为,他需要通过师者的唱、奏和指挥等多种艺术手段将乐谱中的音乐通过音响的形式教授给学生。因此除了需要具备音乐科班技术能力外,还要具备表演技能。表演能力,主要是指音乐教师在演奏器乐、歌唱作品、弹奏钢琴和指挥队等方面的表演能力,是在扎实的专业技能的基础上对作品的精加工然后传达给学生和观众。音乐教师接触音乐作品的初步就是对课本进行细化的研读,有整体的感知把握和紧密地把握教材上曲谱的表情记号、演奏方法等一切标记,并且能够较为准确地表演正确的力度、音色、拍子等。在课上表演的时候要深刻挖掘作品的底蕴和情绪,才能达到"传情"的核心目的,使得学生能够领略到作品丰富的内涵和真实的情感,然后才能使学生发挥想象和深化内心体验。好的表演是富有生命力的,它一定能够将学生置于音乐情境之中,除了在课堂上用歌唱和演奏等方式的表演感染学生,还可以用完美的舞台表演征服学生,以此来提升学生的审美能力和学习兴趣。教师除了自己能够做到如上要求外,还需要能够重视学生在表演时的表现和能够指导学生进行综合性艺术表演(校园剧、舞剧、音乐剧等)。特别是大多数教师都有自己的主副专业技能,如果能够在舞台上展现自己,通过舞台表演将学生陶冶在美妙的音乐中,用完美的课堂表演和舞台表演来感染学生,就能以此激发学生学习音乐的兴趣。

中小学音乐课堂教学内容日新月异，教师除了能够熟练掌握键盘类乐器外，还需要掌握其他一些乐器的表演技巧，教师要熟知该乐器的基本操作原理，如该乐器的共鸣方式、音色特点、演奏的方法等。这样既能丰富课堂，又可以为指挥乐队与合唱打好基础。

3. 创作能力

美国格林伯格教授认为倾听、演绎和创作这三种能力在音乐学习和实践中是密不可分的，三者是不可或缺的。因此音乐教师除了能够聆听作品、表演作品，也需要不断提高自身的创作能力。要重视综合性艺术表演的创作，要重视音乐与舞蹈的创编，更要注重音乐创作教学法。创作是指在学习过程中探索和发现新事物、新方法和新用途的能力，音乐学科也如同其他学科一样，需要开展创作能力的培育。音乐教师的创作能力，一为音乐作品的作词作曲创作，二为对音乐作品进行二度创作以及对音乐作品进行非常具有想象力的创作。因此音乐的创作能力在音乐艺术的创作、表演与鉴赏等环节均有体现。

能够运用生活中的物件制作小乐器也是创造力的一种。如果音乐教师也有一定的制作能力，就能很好地指导学生发挥主观能动性制造乐器，并且也能激起学习者的兴趣与继续学习的动力，提升音乐课堂的参加度。

4. 较强的理论研究与分析能力

随着音乐教育飞速发展和基础教育的不断改革，音乐教师在大学期间所习得的专业理论知识和能力素养都难以适应新时代的音乐教育需求，需要教师们继续深入研究和努力学习。新课标要求音乐教师不仅要有先进的教学理念，还要求探究教学内容中不同学科的联系和差异，以形成自己较为完善的理论和知识的体系，提升自己的能力以便于更好更快地解决问题，并提高自己的专业素质。教授过程中，音乐教师应能够分析学习者的问题，并以学生和教学问题为科研对象，掌握教育规律，理解学生的差异性，科学、合理地对学习者在学习中存在的疑问作出剖析，得出经验教训，创新授课方式，日常反省自身，竭力让音乐课的质量提高一个台阶。音乐教师只有具备了科研能力，才能主动参与教育教学的改革，也才能使自己成为能够"提出问题"并"解决问题"的教育家。

五、乡村音乐教师的专业素养

乡村音乐教师的专业素养包括音乐专业知识、音乐专业技能、音乐课堂教学模式和综合乡村特色音乐。音乐的基本素养是每一位音乐学习者都必须具备的，没有音乐基本素养的学者就无法理解音乐、懂得音乐、表现音乐。音乐知识素养就像是音乐的基石，是音乐人的必备素质。

（一）音乐知识与技能素养

在专业的音乐院校中，音乐知识和音乐技能是必修课，基本知识有乐理、视唱、练耳、音乐史等，这些是学习声乐、器乐的基础，也是在教学过程中必备的。对于乡村音乐教师来说由于学历与跨学科教学的原因，大部分只是了解最基本的知识，对于更加深入的知识则处于一知半解的状态，不利于解决学生所提出的问题。因此，乡村教师需要不断加强自己的专业知识，这也需要学校得到重视。

音乐技能包括键盘演奏、声乐演唱、合唱指挥等，这些技能是音乐教师必须掌握的部分。在教学的过程中需要给学生示唱、示奏，有活动或比赛时合唱指挥就是最重要的技能。乡村音乐教师同样需要熟练掌握，这对于提高教学质量与提升学生音乐兴趣、乐感有重要意义。

（二）音乐课堂教学素养

课堂教学是学生获取知识最有效、最直接的途径，教师是课堂教学的主体，课堂形式是由教师来选择，也是由教师来操控的，因此教师的素养决定了课堂教学素养。教师应以掌握好音乐知识素养为前提来提高课堂教学素养，课堂教学是教师实践的过程，音乐课堂的教学应实践与理论知识相结合，通过节奏游戏、听音模唱、手势语言等方法进行教学，避免枯燥乏味的教学方式，提高学生的积极性和学习兴趣，在音乐欣赏的过程中陶冶情操。

（三）获取乡村特色音乐素养

当下，大部分的民间艺术都是来自处于乡村地区的民间艺人，民间艺人对当今民间音乐、民族音乐的发展起着至关重要的作用。

少数民族地区的乡村学校由于所处地域的优势，乡村教师会比城乡学校教师得到更多有价值的一手资料，可以更快、更准确地接触到民间艺人所创作及传承的音乐本体，将具有各个地区、各个民族特色的音乐传授给学生，使学生更直接地感受到民族音乐的魅力所在，对于民族音乐的传承也增添了一份力量。与城区学校相比，乡村学校会更多、更深入地了解、学习民族民间音乐，利用本土资源编写带有民族特色、更适合少数民族地区乡村音乐教育的教材。这不仅可以发展优势，还有利于民族文化的保护与传承，也是提高乡村音乐教师专业素养最有效的渠道。

国家对教育的重视度不断提高，对教师的素养要求也越来越高，随着时代科技的不断发展，提高教师素养的策略愈发全面。提升教师专业素养是一项长久的工作，需要不断研究，时刻关注教师发展的新方向、新特点，全方面对提升教师的专业素养给予帮助和建议，这样才能为我国教育事业的发展提供坚实的保障。教师专业素养的提升任重而道远，需要在不断的实践和探索中一点一点地实现。

第二节 部分乡村音乐教师的音乐专业素养现状

乡村音乐教师作为全面实施素质教育的关键点，在教育改革中扮演着重要角色，是实施课程改革的决定性力量，值得社会各界的关注。笔者所在的济南市长清区某学校，在校生大多来自周围各自然村。从师资角度来看，整个片区的学校音乐教育发展较为缓慢，与其他片区相比较为滞后。本节通过对济南市长清区中小学音乐教师素养现状的调查研究，探寻适合提高本地区音乐教师素养的实施方法和举措，以期帮助乡村地区音乐教育到更好的发展。

一、济南市长清区中小学音乐教师素养现状分析

近年来，虽然济南市长清区的音乐活动开展得有声有色、颇有成效，但由于地处乡村地带，因此存在音乐师资队伍不稳定、师资结构不甚合理，以及学科专业能力不足、教育教学能力有限等诸多问题。由于音乐教师是音乐

课程实施和改革的主体，其整体素质势必直接影响学校音乐教学和本地区音乐教育事业的发展。

(一) 师资队伍不稳定

目前，济南市长清区内现有的中小学在职音乐教师的专业素养有相当大的提升空间，且又因为待遇、环境等问题，难以长久地留住青年教师，这些问题均制约了师资队伍的高质量发展。研究发现，从片区内音乐教师结构来看，专职音乐教师编制严重缺乏。其中，公办学校的在编音乐教师约占音乐教师总人数的32%，而临聘音乐教师约占音乐教师总人数的68%。

专业音乐教师的缺失，导致乡村中小学音乐教育缺乏系统性和专业性。笔者在调研中曾与一位校长交流，该校长表示如果在招聘教师的时候，只能在音乐教师、语文教师、英语教师中选择一个的话，当然是要选语文或者英语教师。此外，研究数据也表明，济南市长清区内专职音乐教师仅占全片区教师总数的3.7%左右，这与课程计划中的比例要求显然相差甚大。除了专职教师数量不足外，音乐教师的分布也极不平衡，为数不多的在编音乐教师大多集中在重点学校，而在一些更偏远的学校，兼职音乐教师所占比例会更大。这也反映出乡村地区教师兼任非本专业课程的现象十分普遍，由此看来，专职音乐教师数量短缺问题可以说是影响和制约教师专业化发展的关键因素。

(二) 师资结构不甚合理

济南市长清区内音乐教师队伍的专业背景相对复杂，学历层次与受教育水平也参差不齐，具体表现为：在编教师的学历层次偏低、平均年龄较大，临聘教师学历较高、教学能力较低，兼职教师人数较多。

调查显示，从性别结构来看：片区内女性音乐教师共有21人，约占片区音乐教师总人数的84%；男性音乐教师共有4人，约占片区音乐教师总人数的16%。由此可见，其性别比例较符合学科常规。

从学历结构来看：具有本科学历的音乐教师共有23人，约占片区音乐教师总人数的92%；具有专科学历的音乐教师共有2人，约占片区音乐教师总人数的8%。由此可见，片区内音乐教师以本科学历为主。

从年龄结构来看：20~29岁的音乐教师共有14人，约占片区音乐教师总人数的56%；30~39岁的音乐教师共有6人，约占片区音乐教师总人数的24%；40~49岁的音乐教师共有5人，约占片区音乐教师总人数的20%。由此可见，片区内音乐教师的队伍趋于年轻化。

从专业结构来看：毕业于音乐教育专业的教师共有8人，约占片区音乐教师总人数的32%；毕业于非音乐教育专业的教师共有17人，约占片区音乐教师总人数的68%。由此可见，本片区音乐学科教师的教育专业性有待提高，这无疑是一个必须引起重视的问题。

从职称结构来看：高级音乐教师共有3人，约占片区音乐教师总人数的12%；一级音乐教师共有4人，约占片区音乐教师总人数的16%；二级音乐教师共有7人，约占片区音乐教师总人数的28%；未定级音乐教师共有11人，约占片区音乐教师总人数的44%。由此可见，片区内未定级的音乐教师人数占比较大，职称结构需要得到进一步提升。

从教龄情况来看：教龄不足5年的音乐教师共有15人，约占片区音乐教师总人数的60%；教龄5~9年的音乐教师共有2人，约占片区音乐教师总人数的8%；教龄10~19年的音乐教师共有2人，约占片区音乐教师总人数的8%；教龄20年以上的音乐教师共有6人，约占片区音乐教师总人数的24%。由此可见，片区内新入职的教师所占比例较大，因此提升空间较大，需要开展相关学科知识和素养的培训。

（三）学科专业能力不足

调查发现，济南市长清区的中小学音乐教师普遍存在学科专业能力不足等问题。以专职音乐教师为例，他们虽大都具备比较扎实的唱、跳、奏等能力，但能达到"一专多能"的人数有限，存在音乐知识结构不够全面、专业能力单一等问题。尽管片区内大多数音乐教师都是音乐专业毕业，且都具备某方面的专业特长，如擅长声乐、舞蹈或者器乐演奏等，但乐理、视唱练耳、中西音乐史等音乐理论知识较为薄弱。除此之外，自弹自唱、合唱指挥等中小学音乐教学必备的专业技能，大多数教师并不具备。如有些专职音乐教师毕业于声乐专业，对于常见的课堂乐器一窍不通。音乐教师专业能力不足这一问题，势必严重影响学生音乐素养的提升。

(四) 教学教研能力有限

从整个片区的音乐教研活动来看，许多教师尚未意识到音乐教研活动的重要性，参与教研活动的积极性也不高。此外，片区内教育科研氛围不够浓厚，只有约8%的教师开展过课题研究，约10%的音乐教师表示偶尔会撰写论文，约82%的音乐教师表示从不撰写论文。由于片区内音乐师资队伍偏年轻化，缺乏教学经验，所以普遍存在如下问题：对教学目标的解读不够深入，容易忽视音乐教学中的情感体验、创新性探究、合作艺术、综合实践等内容；整体科研意识较低，不知道如何反思课堂教学；教学理念更新不够及时等。在实际教学活动中，我们应转变教学观念，创新教学方式，根据实际教学中遇到的问题顺势开展探索并分析，如此才是深化教学改革的有效途径。然而，在新的课程改革正进行得如火如荼时，片区内很多音乐教师却依然遵循着固有的习惯，采取原有的模式进行教学，这样的教学效果是无法达到课程改革的目的和要求的，也直接制约了本地区音乐教育的发展。

二、济南市长清区中小学音乐教师专业发展对策

近年来，我国基础教育发展迅速，但仍存在诸多问题。例如，乡村和城市的教育存在较大差距，尤其是教师素养方面。在课程改革的大背景下，应该对乡村中小学音乐教师给予充分的支持，才可能最大限度地缩小乡村和城市教学之间的差异。

(一) 转变传统教育观念，重视音乐教育

在之前的国家整体教育发展进程中，音乐教育深受各种因素影响，诸多弊端导致乡村中小学音乐教育的发展停滞不前。随着教育改革浪潮迭起，各级政府部门应以素质教育为导向，通过多种途径和方法，让学校、家长和社会深刻认识到音乐学科的重要性，唤起学校层面对音乐教师培养的重视，稳定音乐教师队伍，让他们安心从教，并在教师职称评定、业务考核中与其他学科平等对待，帮助音乐教师在社会中一展风貌。

(二)摆脱"限制因子"束缚,强化师资力量

要知道,任何一个因子的变化都会影响教育的实施与发展,若想摆脱"限制因子"的束缚,就需要强化师资力量,以推进教育的均衡发展,并重视教育生态系统中教师的数量和质量。专业教师数量缺乏、专业能力薄弱的问题得不到解决,对开展音乐教学的制约性作用就会一直存在。基于以上问题,笔者提出以下建议。

1. 设立专人专岗

笔者在访谈中了解到,济南市长清区目前所有学校的编制都非常紧张。在其他学科都无法得到保障的情况下,学校自然也无法保障对音乐学科的投入,要想足额为专职音乐教师设岗,还需要经历一个艰难且漫长的过程。就目前来看,首先要定向招聘在编专职音乐教师,保证区域内音乐学科全面、均衡发展;其次要招聘临聘专职音乐教师,填补学校在编专职音乐教师的空缺,保障每所学校都有专职音乐教师;最后要借助高校音乐专业学生的"顶岗实习支教"项目开展音乐教学,给区域内音乐课堂教学以有力的补充。

2. 加强专业培训

要想有效提高乡村中小学音乐教学质量,首先就要优化教师队伍的质量,全面提高中小学音乐教师的专业素养。为本地区的音乐教师,包括在编专职音乐教师、临聘专职音乐教师和兼职音乐教师开展相关专业培训必不可少。基于此,笔者认为可以通过以下途径开展。

第一,鼓励教师进修培训。组织进修和培训对于提高教师教学水平十分有效。指导中心和学校应鼓励、支持、组织音乐教师参与进修培训,主动为音乐教师的培训和进修创设平台。

第二,加强教学教研活动。对此,笔者建议济南市长清区教育指导中心通过教研员担任主持人的音乐工作室,将全片区专职音乐教师统筹起来,开展音乐教学活动,并进行教学问题的全程式跟踪。同时,教研员应定时对音乐教师实行全体与个别相结合的专项培训,着力解决教学中遇到的问题。此外,还可利用网络的便利,实现工作室内全员线上线下互动。教研员要明确教研方向,制订符合本区域的阶段性教研计划和总体规划,促进教研活动向深度发展,全力帮助青年音乐教师向骨干教师迈进。

第三，开展专业能力考核。教育指导中心可以成立教师合唱团、舞蹈团等艺术团队，每周安排固定的训练时间，定期聘请专业人员对音乐教师进行声乐、器乐、舞蹈、指挥、自弹自唱等多方面的培训。同时，每学期为教师团队提供展演平台，进行个人考核，以此督促教师加强自身的专业训练，提高个人的专业技能和音乐素养。

第四，鼓励结对帮扶交流。条件允许的话，可以组织优秀音乐教师到片区内偏远地区学校进行帮扶交流，将先进的教学理念和丰富的教学经验带给当地的音乐教师。这样不仅可以为偏远地区学校的音乐教育注入新鲜的血液，有效提高当地音乐教师的教学水平，还可以为偏远地区学校的学生带去优质的音乐教育课程。

第五，增加多方支援合作。济南市长清区毗邻济南大学科技园，教育指导中心应充分利用区域资源，通过聘请相关高校的音乐专业教师前来开设讲座、交流课堂实践经验等方式，对片区内教师进行专业知识技能和音乐教学方面的指导。

(三) 建立合理的管理与评价体制

传统的学校教育观念和管理模式往往会限制教师的专业发展。比如大多数学校对音乐教师的考核和评价依然沿用以学生期末成绩来评定的方式，这对音乐教师来说是不公平的。要想促进音乐教师教育教学水平的整体提升，一方面可以建立具有激励性质且开放的管理制度，提高音乐教师的积极性和主动性。尤其对于乡村地区的教师来说，要采取有效的措施减轻教师的负担。另一方面，教育指导中心可以定期开展各类音乐比赛，让音乐教师在比赛中互相学习、充分锻炼，更好地提升教师的各项能力。各学校也要把教师的技能考核、教育科研、业务素质、教学态度、教学业绩和效果呈现等因素综合考虑并纳入教师的年度考核和职称评定中，以此促进教师自我学习与自我发展。

从济南市长清区中小学音乐教师专业发展现状中可以看出，"素养提升"依然是一个有待加强的问题，而"乡村教师"也依然是最大的改革点。纵观济南市长清区音乐教师的素养水平，虽然近年来有了较大改变，但还是未能从根本上得到改善，尚需各方面持续不断的关注和支持。面对传统音乐

教育观念落后、城乡音乐教育发展差异等问题，乡村地区中小学音乐教育如何才能以其独有的方式方法传承和发展，已成为教育界的一大难题。这需要我们通过转变乡村教师的音乐教育观念、加强音乐师资队伍培养，同时从乡村地区特有的政治、经济、文化、环境等因素入手，多渠道吸纳音乐教育工作者，循序渐进地引导乡村音乐教育走向现代化，才能有效地缩小城乡音乐教育之间的差距。让我们共同依托学校、家庭、社会教育的合力，形成"美美与共、大爱大美、和谐发展"的音乐大格局，使音乐之花在乡村这片希望的田野上流光溢彩。

第三节　提升乡村音乐教师音乐专业素养的有效策略

一、乡村音乐教师音乐专业素养发展的意义

2015年，国务院办公厅颁布了《乡村教师支持计划》，这一计划颁布的目的是缩小城乡师资水平差距，让每个孩子都拥有公平、高质量的教育。[①]同时，这一计划的实施很大程度上给予了乡村教师公平享有教育资源的机会，有利于促进乡村教师职业生涯的发展和进步。特别是对于乡村音乐教师来说，由于之前音乐课程在乡村学校不被重视，因而乡村音乐教师专业发展动力不足、职业生涯不明晰，而《乡村教师支持计划》的实施，则极大地推动了音乐教师的专业发展和进步，有助于乡村音乐教师不断提升自我、强化音乐课堂教学实效性。

在《乡村教师支持计划》的背景下，乡村音乐教师专业发展具有多重意义。首先，从国家层面看，有助于全面践行教育公平，积极推进教育现代化发展。目前，乡村孩子们"有学上"的问题已经得到有效解决，但是乡村音乐教学质量不高、教学资源不足的问题依然比较严重。[②]《乡村教师支持计划》的实施，为音乐教师专业发展提供了多种可能，从而让每名乡村学生都公平享有受教育权利，这对于全面践行教育公平具有重要意义。其次，从学

---

① 张晓文，张旭. 从颁布到落地：32份《乡村教师支持计划》文本分析[J]. 现代教育管理，2017(2)：69-78.
② 潘朝阳. 我只是想让孩子喜欢音乐[D]. 南京：南京师范大学，2015：24-29.

校层面看，有助于推进乡村教育走向专业化、全面化。音乐这门课程在乡村学校一直不受重视，积极推进乡村音乐教师专业发展，能够不断提升教师的综合音乐素养和教学能力，从而更好地将所学传授给学生，实现学生音乐美感、音乐素养的提升，这对于乡村学校开展专业化和全面化的育人工作具有重要推动作用。最后，从教师个体层面来看，有助于提升乡村音乐教师的职业幸福感。积极推动乡村音乐教师专业发展，不断提升教师的教学胜任能力和核心素质，能够让他们在教学过程中体会到职业幸福感，满足自我实现的需要。[①]

二、乡村音乐教师音乐专业素养发展特点

乡村音乐教师的专业发展要求教师具有较高的道德修养、广博的知识及良好的教育和教学能力，学生专业素养的提出与发展最终将在教师的教育和教学活动中实施。乡村音乐教师的专业发展有以下几个特点。

（一）连续性与阶段性

"自主发展""社会参与""文化基础"三种基本素养不只是学生的发展基础，更是教师专业发展的目标。无论是城市还是乡村，音乐教师的专业素养不是生来就有的，是通过不断的学习获得的。乡村音乐教师专业发展的阶段性体现了教师不同的发展水平，也说明专业发展是一个渐进过程。

（二）地域性与时代性

乡村音乐教师由于所处环境的不同，其专业发展与乡村教育及乡村传统文化息息相关，具有浓厚的乡土气息。

乡村音乐教师专业发展在保留乡村传统文化的同时，需要突出时代性。第八次课改提出，要在音乐课堂上带领学生欣赏本土民族民间音乐，同时要求音乐教师根据本土音乐资源与特色，大力建设音乐校本课程。这就需要乡村音乐教师在音乐教学过程中引入民族音乐资源，丰富课堂内容，提高教学效率，还要掌握校本课程开发的相关理论。

[①] 张长剑.《乡村教师支持计划（2015-2020年）》的认同度研究[D].重庆：西南大学，2017.

（三）自主性与均衡性

乡村音乐教师相比城市音乐教师拥有的资源较为有限，一方面是师资培训，另一方面是教学环境及设备。虽然乡村音乐教师师资力量是整个乡村教育中较为薄弱的环节，但不同的乡村所具有的特色是乡村音乐教师较为优越的方面。乡村音乐教师会比城市教师得到更多有价值的资料，可以更快、更准确地接触到民族民间音乐本体。应将城市与乡村音乐教师相融合，通过资源共享来均衡乡村音乐教师的专业发展。

三、乡村音乐教师音乐专业素养发展的途径

（一）教师自身要不断完善自己

教师作为教学中的主体，教师应给学生传授教学大纲规定的内容，完成教学评价，使得学生实现自我价值和社会价值的过程。第一，要正确认识教师职业，培养教师对这份职业的热爱和激情。将课堂看作是生活的一部分，使教师自身充满快乐，富有激情，让学生"沉浸"在快乐又富有趣味的学习环境，这种环境对教师和学生的发展都有帮助。此外，乡村专业音乐教师必须要有坚定的信念，从而指引其发展的方向。第二，提高教师的道德素养。教师的本职工作就是"教好书，育好人"，教师的职业规划不只是对自己专业素养的提升，同样也是对其职业道德全面升华的过程。第三，正面认识教师自身正确归因，加强教师的责任心。教师在教育过程中出现的问题以及不足之处要有正确的总结，这对于教师的自身专业发展有着影响，一些乡村教师因为所在的学校条件差、环境差、学习设备的缺失，以及学生素质差，觉得自己的教学成果很难实现，即使学习最新的教学方法和创新教学方式，在自身所具有的条件下也不能进行运用；对于自己的专业没有兴趣，对自己工作的反思和积极性都有所缺失。正确的归因在一定程度上促进了乡村教师们的专业发展，同时激发了教师的责任心。第四，提高教师的专业知识。教师的职责是传授知识，因此必须有扎实的专业知识，继而传授给学生。在这个过程中，教师必须从各个方面不断完善自己，提高自身专业能力。

(二) 学校推动教师专业素养的提升

作为学校的重要人力资源，教师专业能力的发展，是其发展的根基。在学校的带领下，成立教学小组讨论，邀请城市中小学音乐学科带头人给乡村音乐教师从键盘演奏、声乐演唱、基础乐理、合唱指挥等方面进行培训，以及在一定的条件下，邀请国家级、省级、市级等专家学者开展相关的学术交流会议以及专家讲座，获取教育的最新理念和信息，开拓视野，提高教师的综合素养；观看卓越教师的课堂教学，学习其理念和方法提升自己；定期对专业教师的教学过程及结果进行测评，对不合理的方面提出并改进，对完备的方面倡导发扬；同时进行专家进课堂的教学形式，让专家观摩课堂，对教学方法和理念提出观点和建设性的意见，从而解决问题；也可通过互联网的方式与专家学者进行讨论，更加深入地交流和探讨；定期邀请专家对教师进行一对一的辅导，形成自己的特色教学形式；学校可以举办进修班，邀请专家学者对教学方式和相关理念进行指导和研究。此外，城市音乐课堂对教学方式的变革非常重视，许多学校的音乐课堂丰富多彩、生动有趣，使学生成为主体参与课堂，这样不仅激发学生的积极性，也加强了学生的创新、创作能力，因此城市音乐教师除了给乡村音乐教师进行专业培训以外，还可以将他们的教学经验分享给乡村音乐教师，带领乡村音乐教师走进灵活、实践的课堂。

乡村音乐教师由于学习条件不足更需要有自主学习的能力，在城市音乐教师的带领下主动学习、积极创新，才会使自己的专业素养得到提升。

(三) 充分利用本土资源

课本是学生获取知识的主要来源，结合本民族音乐特点的教材对学生的发展具有独特的价值，会使学生更容易与课堂融合在一起，激发学生学习的积极性。构建音乐校本课程能极大程度地提高音乐教师的专业素养，在这过程中教师需要大量阅读相关的音乐专业知识以及不同民族独特的音乐文化。

由于地域优势，乡村音乐教师可以更方便地去拜访当地的艺人与传承人，通过他们获取更多关于民间民族音乐的资料，这些资料与现代化的教学

理念结合，融入音乐课堂，对学生的学习和提高乡村音乐教师的专业知识都有利。

（四）政府助力乡村音乐教师专业素养发展

党和国家高度重视乡村教师专业发展。2015年，国务院办公厅印发了《乡村教师支持计划（2015—2020年）》，明确提出要"全面提升乡村教师能力素质"。政府的支持对提高乡村音乐教师的专业发展是必要的。首先要提高乡村音乐教师的待遇、提高基本工资或者按教师能力发放奖金，这样可以促进教师的学习和研究，增强教师的责任感。其次，要大力出资帮助乡村学校配备硬件设备，尤其是音乐课堂中需要配备的教学用具、小巧的乐器、多媒体设备等。最后，还可出资建立小型的图书馆、电子阅览室。乡村教育中音乐教育的重要性一直未能显现，得不到重视，学校里关于音乐的书籍、音像资料寥寥无几，学生学习音乐知识的渠道受到限制，需要多采购一些关于音乐方面的书籍、音像资料，不仅能提高学生对音乐的热爱程度，对教师也有很大的帮助。

国家对教育的重视度不断提高，对音乐教师专业发展的要求也越来越高。提升乡村音乐教师专业发展是一项持久性的工作。如何在专业素养视域下，有效推动乡村音乐教师的专业发展，需要研究者和教师在国家教育方针政策下，时刻关注教师专业发展的新方向，这样才能对全方面提升乡村音乐教师的专业发展给予帮助和建议。

（五）面面俱到，提高教师能力素养水平

1. 专业技能提升策略

扎实的音乐专业技能是音乐教师从事音乐教育教学工作的基石。

（1）县教研室或者音乐学科基地，应该定期开展"音乐教师基本功比赛"，通过制定较为完善的专业技能评定标准，分为初、中、高三个级别，把音乐教师的技能考评结果纳入年度考核和职称评定中，从而激发音乐教师提高专业技能素养的动力。

（2）音乐教师进行职业技能培训时，应密切关注乡村音乐教师的专业技能素养现状，开展特色培训，不能照搬城市模式和复制城市模式，避免培训

结果"水土不服"。在培训的初期，应充分调查乡村音乐教师需要什么样的技能培训。例如，笔者调查的炎陵乡村地区，教师的歌唱能力达到了初中级水平，但指挥和即兴舞蹈的技能普遍较弱。依照不同专业的音乐教师的专业技能中"短板"不同情况，教师的专业技能培训可以分模块进行，分为声乐模块、舞蹈模块、弹唱模块、选修器乐和指挥模块，教师们可以用周末或者寒暑假自主选择模块进行学习，培训的教师可以是由本专业技能较强的音乐教师担任，也可由教育局统筹邀请相关专家来本地进行，使得本县区域内教师内部资源达到共享的同时，又能得到专家更为专业的指导。在举行专业技能培训时，培训模式不应局限在原来的短期培训模式，更不能局限在传统的听课评课模式。在培训模式上应采取不脱产、半脱产和脱产结合，长期培训与短期培训结合，微信群线上研讨和线下教育实践紧密联系，专家当面授课与网络远程授课相结合的形式。例如，可以运用"讲座—指导—学习—验收"的长期培训模式，由音乐教师进行演唱与即兴伴奏能力的展示，在展示过后，教研员与专家对其中的问题进行准确的评价和科学的指导，然后专家进一步开展歌唱技能、歌曲处理、即兴伴奏相关的专题讲座，在讲座后对教师进行一对一指导，并给出阶段性的学习目标，教师完成后可以通过视频的方式反馈给教研室，以此来提高其演唱和钢伴能力。

2. 表演能力提升策略

音乐教师的表演能力是教师对作品的二度创作，音乐作品在音乐教师演奏或者演唱下，诠释着音乐作品的活力和感染力，音乐的表演能力是引起共鸣的关键。

（1）相关部门可以定期举办"技能展示音乐会"，给予音乐教师们施展才华的天地。

（2）演奏或者演唱技巧的娴熟程度是表演娴熟程度的基石，因此需要音乐教师提升自己的专业技术水平。

（3）在此基础上，音乐教师还需认真探索音乐作品的内涵，从表及里，在深层次地理性理解作品的基础上进行感性的表演。

3. 创作能力提升策略

现代音乐教师也需具有的一定的创作能力，包括音乐作品的创编、对既定音乐作品的改编等实践能力。

（1）教育主管部门可以展开音乐教师的暑期创作班。创作课的教学内容可以与音乐形式、和声分析和歌曲创作三个主要课程融会在一起。

（2）音乐教育工作者应正视音乐作品的旋律剖析，通过深入分析旋律的主题和旋律的情感变化，研究旋律的产生和确定，领会如何运用适合的律动来表达情感，使得音频材料更加饱满。在此基础上，还应该累积和研究他人的音乐作品和创作经验。

（3）因地制宜，可以举行歌曲创作大赛，吸引更多的音乐教师加入到音乐创作中来。

4. 科研能力提升策略

新课程改革的标准要求中小学音乐教学要具有很强的针对性、灵活性与多样性，这就要求教师具有很强的独立性与创新性。许多教师认为，他们在教育研究方面能力欠缺的主要原因是他们对教育研究缺乏足够的理论和知识，甚至经常犯错。缘由是大多数教育者没有系统习得过教育研究方法的知识，也没有进行过教育研究方法的专门培训。

（1）教育局相关部门和音乐教研室必须重视对乡村音乐教师科研能力的培养，高度重视教师的科研工作，必须努力加强对乡村中小学音乐教师在科研方面的理论知识的学习，引入行动研究，倡导乡村中小学音乐教师通过在学中做、在做中学，真正获得与本专业相关的科研能力。在县区域内合理调配资源，充分发挥科研能力较强的资深教师对科研能力较差的教师的引领作用，加大对乡村音乐教师科研的扶持力度，给予一定的专项研究基金，使教师能够在参与科研过程中发挥自己的价值。

（2）学校采取有效的措施，努力营造乡村中小学科研氛围，提升中小学音乐教师参与课题研究的积极性与主动性，提升中小学音乐教学的科研能力。

（3）作为一名音乐教育工作者，本身也应该具有较强的科研意识，要摒弃传统"教书匠"的思维，可以从中发现问题，并尽力解决问题，慢慢把握教学的客观规律，将讲授和科研紧密联系起来，增进本身科研水平的发展。充分利用计算机等信息技术工具参加教学和研究活动，加强科研知识的学习，这样才能在日常的教学活动中形成自己的科研成果。在教学的过程中需要采用开放的思想，掌握国内外关于教学理论的最新动向，并在教学的过程

中将教育理论知识进行内化，付诸实践，促进乡村音乐教师向研究型教师成长。

（六）专人专用，逐步清退不具备音乐素养的兼任教师

教师音乐素养的高低影响着音乐教育专业化的发展。为此，笔者在此提出如下建议。

（1）相关部门和学校应该重视音乐课的教学，给予音乐教师政策支持，学校如有音乐本专业的教师，应该让其在学校专人专用，让乡村的音乐教师们能够有用武之地，又可以提高和锻炼能力。

（2）有的"村小"或者"教学点"并没有分配到音乐本专业的教师，相关学校可以"共享"一个本专业的音乐教师，教师"流动"上课，保证音乐课能专业化地顺利开展，给予这些教师在生活和交通上的照顾和支持。

（3）英雄不问出处，可以在当地寻求具有较强音乐业务能力的民间艺术家，到相关学校进行兼职教学，并且在教学中融合本土的音乐文化，例如炎陵当地就可以引入客家山歌进行教学，既结合了本土特色，又有利于丰富音乐的人文性色彩。除此之外，还可以对这些优秀的来自民间的兼任教师在业务考核和薪资待遇等方面给予一定的政策支持。除了引进本区域的民间艺术家担任音乐课的教学外，还可以通过将城市学校与乡村学校进行结对帮扶，让拥有较多音乐专业实力强硬的城市学校去师资力量薄弱的乡村学校进行定期走访和联合办学，既可以帮助乡村音乐教师通过在校内听课评课来提升专业素养，又可以缓解乡村音乐师资紧张的问题，有利于提升乡村音乐教育水平和乡村音乐教师音乐专业素养。

（4）针对留存得较多的毫无音乐专业素养的非音乐本专业的教师，相关部分和学校应该争取逐步清退不具备音乐素养的非本专业的乡村兼职音乐教师。

（七）提供教育保障，优化人才培养模式

乡村音乐教师专业素养培养与提升需要从师范院校源头抓起，积极优化未来乡村音乐教师的培养模式。首先，实施乡村音乐教师专项人才培养模式。在新生入学伊始，可以通过院系集中考核，选拔一批技能强、素质高、

乐于乡村音乐教育的学生进行专门培养。其次，师范院校要组建一支专业的教师队伍。因为专业教师是未来乡村音乐教师培养的主导者，是培养合格未来乡村音乐教师、提升未来乡村音乐教师专业素养的前提和保障。最后，师范院校要努力贯彻卓越教师培养政策，制定乡村音乐教师培养与提升的配套保障和激励制度，让每一位未来乡村音乐教师都能成为振兴乡村音乐教育的主力军。

(八) 加强师德建设，增强未来乡村音乐教师的身份认同

一方面，要增强未来乡村音乐教师对"乡村教师"这一特殊身份的认同感。教师的身份认同指的是教师自我通过对社会、他人、环境，对教师角色的看法的反思、判断，以及对社会所规定的教师角色内涵的认知与体验，形成自己对教师这一角色的感知、理解和意义的阐释。在社会快速发展和文化变迁等因素影响下，师范类音乐专业在校生对乡村择业有一定的趋避性，内心对"乡村音乐教师"有一种抵触心理，因此，强化师德建设，特别需要强化师范类音乐专业在校生的乡村音乐教师身份认同感。另一方面，师范类音乐专业在校生要有参与建设美好乡村的意愿。在乡村振兴战略的关键时期，只有认同"乡村音乐教师"这一角色，把乡村发展与自己的专业发展相结合，才能更好地对乡村学校学生实施美育，培养出德智体美劳全面发展的乡村学校学生。

第四章　乡村音乐教师培训问题及其完善路径

第一节　部分乡村音乐教师培训问题

我国政府在与教育改革发展相关的纲要性文件中明确指出，要加强教师队伍建设，要以乡村地区中小学教师为重点，切实提升教师队伍整体素质。我国城乡之间存在着经济差距，这使得乡村地区师资力量不可避免地落后于城市地区，乡村中小学教师综合素质相比城市而言也有一定差距，这就对乡村地区教师提出更多要求。中小学教师必须要紧跟时代潮流，主动提升自身专业能力和综合素质，进而促进教师队伍整体水平提升。乡村地区物质条件较差、教师专业化能力相对欠缺，且乡村中小学教师所能获得的培训机会也不多，因此地方教育部门应充分发挥主导作用，为乡村中小学教师综合素质提升提供良好的软硬件条件，以改善乡村教育环境，提升乡村教育水平。由此可见，对乡村音乐教师培训进行课题研究，具有一定实践意义。

一、调查对象

本节在调查研究过程中，选择济南市区域内62所乡村中小学中的62名音乐教师为具体研究对象，这些音乐教师中既有专职中小学音乐教师，也有兼职人员。同时对济南市教育局与中小学教师培训相关的负责人、乡村地区中小学领导等进行互动访谈。在调查分析过程中，尽最大限度考虑地区代表性，以确保调查结论能够具有客观性和全面性。

二、调查目的

近年来，国家非常重视教师教育培训，先后出台了一系列有关教师培训的指导性文件。《国家中长期教育改革和发展规划纲要（2010—2020年）》中将"强化教师队伍建设"作为教育改革和发展的保障措施，并将提高教师

业务水平作为教师队伍建设的重要内容，指出"完善培养培训体系，做好培养培训规划，优化队伍结构，提高教师专业水平和教学能力。通过研修培训、学术交流、项目资助等方式，培养教育教学骨干、'双师型'教师、学术带头人和校长，造就一批教学名师和学科领军人才"。由于音乐教育本身要求教师既具有音乐理论知识，也要具有音乐技能和音乐教学相关技能，所以更需要不断从理论和实践两方面充实和提高，在促使乡村中小学音乐教师综合素质得以提升的同时，实现教育的公平旨意。为此需要加强对中小学音乐教师的培训。

本节的研究目的旨在根据济南市乡村中小学音乐教师当前的培训情况，从多层面、多视角开展调查研究，指出其中不足所在，并根据原因分析，形成具有改善性的改善对策，以期能够解决相关实际性问题，促进济南市乡村地区中小学音乐教育培训工作开展。

三、调查内容和方法

调查内容主要为学校教学氛围、教学场所、教学设施设备、培训经费、当前师资力量、课堂内容以及课时分配等。通过访谈（访谈内容见附录一），对济南市乡村中小学音乐培训情况进行一定了解，并通过问卷调查的方式（问卷调查内容见附录二），总结济南市乡村中小学音乐教师当前的在职培训情况，梳理教师对于培训的理解、积极性、参与情况以及需求。

四、调查结果整理分析

（一）问卷发放及回收情况

对济南市乡村中小学音乐教师进行问卷发放，共计发放62份，成功回收62份，均为有效问卷，回收率和有效率均为100%。

（二）访谈结果整理

通过访谈对济南市农村中小学的数量、师资情况、音乐教学开展情况、师资力量、教学环境、培训经费以及音乐课授课等内容进行了解，对培训的频率、时间、地点、模式和培训质量进行总结。其中将济南市乡村中小学音乐教师已参与过的培训内容加以重点了解，对培训环境、培训效果进行总结，同时在访谈过程中对济南市乡村中小学教师的培训需要进行梳理，大部分教师期望能够获得定期培训，且培训方式不应枯燥单一，培训内容需要有实践性。

(三) 问卷结果统计

据统计，在济南市，在镇区中小学、初中及高中共有教师105人；在乡镇，共有在职教师79人。为了便于调查展开，促使调查结果更为客观真实，在此次问卷调查中，以济南市62名乡村地区中小学音乐教师为对象，经过调查发现，当地大多数教师属于兼职教师，整体教学能力不足。乡村地区相对而言经济落后，专职教师整体不多，这一现象不光在音乐教学中出现，在体育教学、美术教学以及文化课教学中也有体现。不少乡村中小学音乐教师身兼多职，例如美术教师兼任音乐教师，或直接由临退休的语文教师转行音乐教师。通过问卷调查，得出下列特征。

(1) 教师年龄结构。数据统计显示，济南市乡村中小学音乐教师队伍中，年龄低于25岁的教师占比14%，年龄处于25岁至35岁之间的教师占比17%，年龄处于35岁至45岁之间的教师占比20%，年龄高于45岁的教师占比49%，由此可见济南市乡村中小学音乐教师整体年龄较大，从年龄来看，教师队伍结构不合理，约束了当地音乐教育的进一步开展。

(2) 教师专兼职比例。济南市乡村地区中小学音乐教师大多为兼职教师，占比71%，专职音乐教师仅占比29%。这表明兼职音乐教师过多，大部分为其他学科教师兼带或转行教育，这主要是由于在城乡差距下，不少城市音乐教师并不乐于前往乡村中小学教学，此外音乐课由于并非文化课，因此往往在学校领导、家长和学生眼里并不十分重要。

(3) 教师学历结构。济南市乡村地区中小学音乐教师整体受教育程度基本能满足实际需要，近一半教师具有大专以上学历，研究生以上学历的教师非常少，对于音乐教学的进一步开展形成一定约束。

(4) 教师职称结构。当前济南市乡村中小学教师50%为三级教师，但仍有12%教师无相关职称，需要在后期逐步提升专业能力和教学水平。

(5) 教师担任音乐或艺术学科年限。从问卷调查来看，当地已有超过一半教师具有超过10年的音乐教学或艺术教学经验，也存在年龄较大，但教学经验并不丰富的情况，这表明学校对于新课改的进行并不十分关心，导致音乐知识出现老化现象。

（6）教师音乐专业知识和技能需求度。从音乐教师个人而言，迫切需要提升专业知识和岗位技能，绝大多数音乐教师认为培训能够提升自身岗位能力。

（7）教师待遇状况。目前济南市乡村音乐教师薪酬待遇普遍不高，大多处在3000元左右，虽然教师反映对收入还算相对满意，但相比城市校园音乐教师而言，仍具有一定差距，近年来政府部门陆续出台多项对策，鼓励乡村地区中小学教师提升待遇，但仍有部分学校并未落实。

（8）学校支持度和经费情况。数据统计显示，大部分学校对于艺术教育较为重视，对音乐教学的关注度较高，但仍有个别学校支持欠缺。

（9）教师参与培训的态度。从问卷调查内容来看，绝大多数教师期望能够获得培训，从自身综合素质提升角度出发愿获得培训的人员超过60%，这表明教师参与培训的积极性较高。

（10）教师培训效果。济南市的60%乡村中小学音乐教师认为培训具有效果，能够为其音乐课程教学带来帮助，但也有近30%的音乐教师指出培训效果并不明显，在培训内容、培训方式以及实践性方面存在不足。

五、济南市乡村中小学音乐教师培训的问题

近年来，随着新课改的不断推进，济南市教学部门对于乡村地区中小学音乐教学关注度越来越高，为进一步加强教学质量，逐步通过教师培训的方式改善教学内外部环境提供了基础。

本课题对济南市乡村地区中小学音乐教师培训情况进行分析，从多个角度出发，梳理在师资力量建设、教师培训过程中暴露的问题。在调查研究的基础上，探索济南市乡村中小学音乐教育所需要改进的地方，并提出具有可实施性的对策，以期能够为济南市乡村中小学音乐教学可持续发展夯实基础。

（一）济南市乡村中小学音乐教师队伍建设的问题分析

济南市乡村中小学音乐教师从整体角度而言，存在着师资力量不足现象，教师人员数量少，制约着教学质量提升。目前当地乡村中小学音乐教师普遍存在着兼职比例高、年龄结构不合理、教学能力不佳等问题。

1. 兼职现象普遍

济南市乡村地区中小学教学环境较差，硬件设施不足，导致音乐教师在教学开展过程中面临一定困难，同时相比文化课教师，音乐教师在学校的地位也相对较低。现阶段济南市乡村中小学教学体系中，音乐教师薪酬待遇低于文化课教师，政府主管部门、学校、学生家长对于中小学音乐教学的关注度较少，音乐教师队伍后备力量不足、缺少必要的人才补充，因此兼职音乐教师普遍存在。问卷调查发现，在济南市乡村中小学音乐教学中，兼职教师占比较高，不少音乐教师身兼双职，例如从问卷调查结果可以发现，仅有29%的音乐教师为对口专业出身，71%的音乐教师属于兼职教师。兼职教师在负责音乐课教学的同时，也负责其他科目教学，且由于基础专业知识不扎实，使得学生学习音乐的热情降低。

2. 年龄结构不合理

目前济南市乡村中小学教师队伍存在着年龄结构不合理的问题，特别是中小学音乐教学这一现象十分明显。究其原因是乡村音乐教学环境较差，难以吸引高校毕业生或年轻音乐教师，或即便来乡村教学后也往往短时间内流失，导致当地音乐教师不可避免陷入老龄化趋势。音乐教育具有一定特殊性，教师年龄整体偏大并不意味着经验丰富，反而是知识结构老化、教学质量下降的直接体现，是当地学校对新课改推进不力的表现，对促进乡村学生综合素质全面发展形成约束。

3. 专业素质偏低

济南市乡村中小学音乐教师队伍存在着专业素质整体偏低问题，目前当地音乐教师中具备高职称的人员比例较低，或即便具有职称，但由于并非对口专业出身，因此音乐综合素质不强。部分音乐教师仅为业余爱好者，只会演奏一种乐器，对于音乐基础知识并不十分了解，甚至五线谱都尚未掌握；部分兼职教师，大多为懂一些音乐理论知识的师范毕业生，对音乐技能

掌握较少，对音乐教学也并无热情，仅为了服从调配才进行音乐教学。这些兼职教师只能简单指导唱歌、维持课堂秩序、进行教材讲授等，并不能给学生带来专业、系统的教学。音乐教师队伍整体素质不高，导致课堂教学质量提升缓慢，学生学习积极性也不足。

（二）济南市乡村中小学音乐教师培训的问题分析

1. 培训的制度保障欠缺

音乐教师在职培训是继续教育的重要组成部分，在接受培训时，音乐教师能够进一步丰富知识理论，强化教学意识，提升学科能力，掌握先进教学模式。培训能够为音乐教师发挥教学作用、施展个人能力带来良好平台，同时也能够使得当地教师在相互沟通的过程中加深交流。从济南市当前乡村中小学音乐教师培训实践来看，并未形成音乐教师培训机制，教学部门也未对乡村中小学音乐教师培训提出教学目标和教学计划，所开展的培训激励措施十分有限，导致当地中小学音乐教师培训有序性建设不佳，对乡村中小学音乐教师获得良好培训支持力度不足。

绩效工资制度和教师合同制度随着教育改革的进一步深入，已被各学校全面推广。但是，仍有很多教师反映本校的绩效工资制度并没有真正地起到激励作用，教师们仍然觉得干多干少都一样，并没有充分调动教师们的积极性。同时，教师工作的特殊性使得教师评价并没有一套完整的、科学的评价体系和考核制度，教师职称评定的等级只会上升，而不会降级评定，这种"只上不下"的评定制度也会带来一定的负面影响，会使一些已经评上高级职称的青年教师，对学习和自身专业成长丧失了热情，往往抱有一种"坐等退休"的状态。对于教师合同制而言，许多教师认为合同制只是一种走走过场的形式，合同到期之后肯定会接着续签，这就使得教师们缺少自我完善的动力，对教师培训并没有很高的积极性。

由此可见，济南市教师培训体系在近年来逐步完善，但对乡村中小学音乐教师的关注度并不多，且大多数培训对象为专职教师。从实践角度而言，乡村地区中小学音乐教师大多为兼职教师，若仅对专职教师进行培训，并不能有效提升整体教学质量，应给予兼职音乐教师一定的培训空间，使之能够逐步夯实基础知识，提升课堂教学能力。

2. 培训经费不足

充足的培训经费是确保音乐教师培训工作有序开展的关键，目前我国对于教学培训的投入仍需要按照计划经济模式进行，导致乡村地区培训经费相对欠缺，对于音乐教师的培训经费保障更是困难，即便学校获得一定培训经费，也往往会首先用在文化课中，地方教育部门对艺术教育的关注程度也较低，因此将艺术教育培训经费进行挪用的情况屡见不鲜。不少乡村中小学音乐教师反映，在教师参加培训的经费保障上，学校也往往只报销部分的培训费用，甚至有时教师们还需自掏腰包承担全部的培训费用。培训机会的欠缺、培训时间的冲突和培训经费的无法保障在很大程度上影响了教师们参加培训的积极性和培训的效果，使得培训积极性有所下降。

3. 培训模式单一滞后

当前中小学音乐教师培训工作较为宽泛，监督管理也较为粗放，大部分情况仅规定培训时间，要求各学校教师前来培训，这种单一式、大课式的培训方式使得部分教师认为并没有较大的培训意义，所获得知识也不多。济南市音乐教师培训内容相对滞后，培训教材更新速度较慢，并不能有效跟进时代发展，培训中心对于培训对象的细化工作关注度不高，对乡村中小学音乐教师并无针对性的培训课程，仍主要采用讲座式、授课式模式，在培训过程中作为学员的音乐教师往往参与度低、积极性不高、在培训过程中也缺少互动兴趣。

从问卷调查来看，乡村中小学音乐教师培训内容相对统一，并未按照不同地区、不同年龄段和不同基础知识的教师开展针对性培训，同时培训内容侧重于理论传授，缺乏实践指导，使得音乐教师在教学培训中并未获得应有效果。教师的实际需求对教师培训的效果有着直接的影响作用。培训主体往往只是针对课程改革的大环境和上级安排来设置培训的课程和培训内容，忽视教师的实际需求，不清楚教师们在一线工作中需要迫切学习和解决的问题是什么，将教师视为知识学习的接受者，而严重忽略其参加培训的主体地位。在组织培训前，培训主体也很少会对教师们参加培训的具体需求进行调查。培训主体对教师培训需求的忽视，常常导致培训内容与教师实际需求不符，使得教师们认为教师培训与自身的利益并没有很大的关系，从而严重地减低了教师们参加培训的动力，教师培训也达不到预期的实际效果，并没有

充分发挥培训对教师专业发展的促进作用。

4. 培训评价机制不完善

培训评价机制是督促教师积极参与培训,并对培训结果进行考量的方式。培训机构评价工作需要从过程和结果两方面开展,对参训音乐教师是否满足培训需要进行考核,通过考核结果对音乐教师颁发培训证书。

教师培训包括培训内容、培训形式、培训评价等多个环节,每个环节都应该是环环相扣的,但是培训主体却很少能够做到这一点,往往使得培训的各个环节缺少联系,变成被人为分割成的独立部分,这就使得考核评价变成了纯粹的考核评价。简单的出勤统计和作业布置就成了培训的评价方式,参加培训的教师完成培训的作业和任务便意味着教师培训的结束。培训主体大多只会将考核的情况反馈给参训的教师,而很少将培训结果和考核情况告知学校,培训结束后也很少会对培训进行进一步的跟踪和指导。同时在培训的评价环节也缺少教师作为培训主体对培训机构的评价及教师自身和教师直接的相互评价。这样一来,对于培训机构而言,培训效果的好坏并没有一个具体的衡量标准,更没有需要修正的根据,这就使得培训机构的体制存在很大的隐患。

在此之下,现阶段培训机构和学校对于教师培训工作开展并无后续跟进,对于教师是否能够掌握培训知识,将培训知识运用于实践中并不了解,对实践中所取得的效果也并不知悉。完善的培训评价机制能够客观反映教师不足,使得教师能够在未来时间段内有效改进。

5. 音乐教师对培训重视度不够

随着国家和政府对教师培训投入的人力、物力、财力的大量增加,学校领导对教师培训的重视程度有了很大的提高。但是,学校对教师参加培训的支持力度仍然不够。对于学校领导而言,通常是培训主体组织教师培训,校领导为配合培训主体的工作,号召和安排本校教师参加教师培训,而校领导很少会根据教师的实际需求主动联系培训主体,为教师们提供培训的机会。同时,在教师培训的时间安排上,学校也很少会根据教师的教学工作时间与培训主体进行协调,往往是培训主体安排什么时间培训,教师们就得什么时间去参加培训,当培训时间与教师的工作时间相冲突时,教师们也只能工作和培训二选一。

同时，由于培训师资不足，因此济南市每期对于音乐教师的培训名额并不多，由于部分乡村中小学专职音乐教师非常少，绝大部分为兼职教师，学校领导对于安排谁去参与培训较为随意，不少前去培训的教师缺乏学习热情，导致培训流于形式。个别教师在占用培训名额后，并不认真培训，反而借机游玩。也有教师在培训态度上不端正，甚至出现扰乱课堂等现象。整体而言，乡村音乐教师对在职培训并不重视，未能意识到在职培训的重要性，对于培训意义、培训目的并不知悉，也缺少必要的学习动力。

6. 教师自身对培训的认知不够全面

虽然目前教师参加教师培训已成为一直普遍现象，但是在济南市，教师们对教师培训的认识仍然不够全面，具体表现为下两个方面：一方面，教师们普遍认为教师培训是学校领导和培训主体的事情，自己只需等着学校安排和组织教师培训之后参加即可，自己很少主动要求和提出参加培训；另一方面，教师们将参加教师培训视为一种任务，只需按时参加培训，完成培训过程中的各项作业，培训便会顺利通过，很少会在培训过程中进行自我反思，也不清楚培训对自身到底有什么利益。这些片面的认识，使得教师在参加培训的过程中忽视自身努力的重要性，使得教师培训并没有起到促进教师专业成长的积极作用与此同时，教师们所学的教育学、心理学等理论基础和研究方法，大多是在读本科时所接触到的，参加工作之后虽然处于教育一线，有着丰富的实践教学经验，但是对教育理论和研究方法的接触和学习却很少，有时在实际工作中也缺少必要的理论技巧和指导。同时，教师平时忙于自身的教学工作，较少注重自身理论知识的学习和提高。教师培训的培训者多是理论扎实且实践经验丰富的专家，培训者在培训过程中往往会提到很多教育学的理论和研究方法，这就对教师的教育理论的掌握有着较高的要求，济南市部分教师在培训中由于对所涉及的理论知识并不是十分了解，从而影响了参加培训学习的效果。可见，教师自身能力的不足，限制了教师教学工作的顺利进行和培训作用的充分发挥。

7. 乡村中小学音乐教师的培训缺失性

（1）与乡村音乐教育现实密切相关的特色培训缺失

从目前济南市乡村中小学的培训实践来看，虽然有乡村音乐教师专项培训项目，但是对于组织者来说，往往习惯于对音乐教师进行培训时按照一

个模式来进行,那就是城市教师培训模式。而在进行培训的时候,有一些院校根本不清楚受训教师主体的实际需求,因此直接导致培训的内容根本无法满足乡村音乐教师的需求,使得培训的针对性和实效性都比较差。培训的内容依然是千篇一律的诸如知识、内容、课程设置等,与师范院校的区别并不是太大,而且大部分都是理论知识的培训,教师们迫切想要得到的实践技能培训却比重较少。在培训内容的安排上,对于目前乡村音乐教育的现状有所忽视,缺少乡村一线教师所需要的新方法、新技能方面的培训。乡村的中小学生目前的音乐素质达到了什么程度?目前乡村的传统民族风情究竟是什么样的?目前乡村的中小学在音乐教育环境的营造方面达到了什么程度?对于这些现实性的问题,培训组织者却根本不加考虑。毋庸置疑,虽然目前乡村的中小学与城市的中小学所使用的音乐课程标准是一样的,但是却是两个社会生活场所作用之下的教育实体。由于二者所处的生活环境不同、教育理念不同,因此两者的特性都应该得到充分的尊重,并且要在培训的模式以及内容上有所区别。在培训的时候不考虑乡村学校的实际,将城市中小学音乐教师的培训模式照搬过来,是对乡村中小学音乐教育特色培训的一种忽视,会导致这部分教师群体出现培训与实际不符的情况,继而导致乡村中小学音乐教师对于此类的培训在情绪上有所抵触,这对于音乐教师以及学校音乐教育教学的开展是极为不利的。

(2)针对乡村中小学音乐教师技能的实用性培训明显不强

城乡社会以及经济存在二元结构差异,因此很多大专院音乐专业毕业的学生根本不愿意到乡村中小学任教,这就直接导致了乡村音乐教师匮乏、整体素质水平较低的现状。与城市音乐教师进行比较,乡村学校音乐教师在业务能力、教学理念等各个方面都存在较大的差距,在音乐教育以及教学方面尤为明显,而这一点正是需要通过培训来不断提高的。但是从目前济南市对于乡村中小学音乐教师的培训来看,在课程设置以及实施教学等相关方面都无法给予教师有效帮助,培训成了一种走过场,教师们根本没有自己要想学习的内容。

在进行培训的时候,很多专家通常都是进行一些理论和知识的培训,他们愿意将自己的一些研究主题以及自己的所掌握的所谓的最前沿的理论知识传授给培训教师,他们认为这样就可以让教师们了解最先进的音乐理论,这就是成功的培训。培训的过程缺少与教师们的互动,往往是一言堂。广大乡村中小学音乐教师在培训的过程中通常只做两件事那就是听和记,而且是非常被动的,主动参与课程设计的机会少之又少,实践课的机会几乎没有,这对于他们教学技能的提高无疑作用不大。

(3)对乡村中小学音乐教师素养的文化培训关注度不高

新的音乐课程标准明确指出,音乐在整个文化中属于一个极为重要的组成部分,是能够直接增进学生文化素养的学习领域。不断提高教师的知识水平以及文化素养,是所有教师培训应该关注的一个重要目标,对于中小学乡村音乐教师的培训而言亦如此。假如脱离了文化以及历史背景,那么人们对于音乐的理解永远都不可能是透彻的,因此,人文课程的开设就是将音乐放置在文化之中来进行解读,继而使得教师对于音乐的理解能够进一步加深,为他们的实际教学以及进行科研奠定坚实的基础,并且最终使得中小学音乐教师的整体文化素养得到全面提升。从目前济南市中小学乡村音乐教师的培训来看,绝大多数都是集中在音乐为教学服务这样的一种培训结构模式,即我们所说的就乐论乐,而专门针对提高乡村音乐教师综合素养的文化性课程的培训却比较少。音乐同艺术之外的其他学科的综合理念在培训的过程中没有得到体现,很多非音乐但是对于音乐教师而言必备的文化知识以及技能并未纳入培训体系之中。

第二节 乡村音乐教师培训的完善路径

一、教育主管部门应高度重视音乐教师培训

部分乡村学校音乐教师短缺已经是一个长久性的问题,问题的存在制约了乡村地区的音乐教育发展。音乐教师是音乐教育活动的参与主体,他们的教育形式及内容决定了音乐教育活动的成败。我国部分乡村中小学有专职音乐教师的学校非常少,大部分学校是由其他专业教师兼职,条件差的学校根本就没有。音乐课也经常被占用或处于停滞状态。在教育主管部门的监督下制定培训教师的政策,应从以下几点做起。

(一)建立适合中小学乡村音乐教师的培训机制

近些年来,伴随着我国教师培训制度的不断深化,我国的教师培训也开始从学历补偿教育朝着知识更新、教学研究以及提高业务能力方面的教育方向发展,培训对象的范围更为广泛,对于培训质量的要求自然也在不断提高。在对广大乡村中小学音乐教师进行培训的时候,也应该不断转变培训观念,将培训的着重点放在如何提高教师的质量、如何进行教师结构的优化以及如何促进教师专业发展的方向上来。

首先,在进行培训的时候,作为培训者一定要对音乐教师的专业发展需求进行密切关注。广大在职的音乐教师已经不再像之前教育阶段那样在学习内容方面追求系统性、理论性,通常都会将自己的学习内容同职业发展进行结合,追求的是培训所具有的实用性。他们所关注的不仅是知识的积累以及技能的提高,而是如何能够将自己所学习到的这些内容运用到自己平时的音乐教育教学活动之中,解决自己在教学过程中所遇到的困惑。基于此,对于广大音乐教师来说,他们希望的培训不是以学科为中心,而是以问题为中心。作为培训者,尤其是作为教育主管部门组织培训的时候,一定要深入教学第一线,才能够真正了解教师们的需求,这样培训的针对性也才会更强。

其次,作为培训者,一定要为广大音乐教师的专业发展提供一个更为广阔的空间。其一,在制订培训计划以及方案的时候,除了要全面考虑教育主管部门、学校以及教育发展等方面的因素之外,更为重要的就是要充分考虑一线音乐教师的迫切需求,在广泛调研的基础上,将他们的被动学习转变为主动学习。其二,在制定培训目标以及内容的时候,一定要充分考虑如何才能够不断丰富受训者的知识,不断提高他们的技能,如何能够为他们提供更多的交流机会以及平台,如何能够使他们对目前音乐教育的新形势有一个充分的了解等。其三,在进行组织以及管理工作方面,一定要注意协调以及完善,以便能够为广大音乐教师的发展提供强有力的保障。培训部门一定要从学员报到注册、后期的考勤管理、成绩考核等各个方面建立最为适合音乐教师培训的管理机制,并且科学合理地指导学员完成相应的培训目标,最终达到预期的质量要求。另外,在整个配件的过程之中,对于培训者来说,还应该在自身力所能及的范围之内,帮助参与培训的音乐教师解决其在生活以及学习过程中所遇到的问题，同时还要积极征求他们对于培训的要求以及意见，并且进行认真总结，找到不足并且推广经验，不断改进培训工作，使之能够更加适合音乐教师培训的需要。

（二）教师培训与教师激励制度相结合

长期以来，音乐教育在乡村得不到足够的重视，因此，教育主管部门必须建立科学合理的音乐教师培训制度以及有效的激励机制，将音乐教师培训情况与教师的考核、职称、工资和提拔挂钩，使参加培训的音乐教师认识到培训的必要性和重要性，将参加培训作为自己职业的一部分。除了在培训制度上加强对参加培训教师的行为规范以外，学校应建立音乐教师参加培训的档案，对音乐教师参加培训的实际效果进行考核。同时主管部门还应对音乐教师参加培训给予大力支持的校领导给予奖励；对重视和采取有效措施支持音乐教师培训的乡镇给予奖励；对提供优良环境、先进设备、创新模式、得到培训教师一致认可的培训机构及培训个人给予奖励；对于不重视音乐教师培训的单位和个人进行批评和惩罚。

（三）加大对音乐教师培训的经费投入

长期以来，政府对教育的资金投入还是呈现上升趋势的，但对于乡村地区的教育投入还是不足，用于乡村教师培训方面的经费更是有限，而经费投入的多少是决定培训质量的关键因素，政府有义务和责任提供足够的资金保障乡村中小学音乐教师的培训质量。同时政府也应当呼吁社会各界对乡村音乐教师培训提供支持，学校和教师个人也应力所能及地为培训出力，适当承担培训费用，多种渠道解决培训经费问题。政府还应建立经费的保障机制，做到专款专用，严防经费不到位及挪用现象，教育主管部门及审计部门加强对经费使用情况的监督，确保经费的使用落实到位，真正为培训服务。

（四）加强音乐教师培训基地建设

教育主管部门应协调各大音乐专业院校，构建乡村中小学音乐教师培训基地。我国部分省内的艺术类院校比较多，而且专业水平在国内也比较高，这些专业院校拥有良好的教学环境、先进的教学设备、雄厚的师资力

量，可以充分利用优势，根据教师的需求组织不同规模、专业的教师培训。培训基地要根据参加培训的教师的不同情况科学制定针对乡村中小学音乐教师的教学计划和教学内容，安排优秀的经验丰富的教师进行授课，使培训具有针对性、有效性和实用性。

(五) 实行音乐教师定期"轮岗"制度

根据我国部分乡村学校，中小学音乐教师匮乏的实际情况，定期对音乐教师轮岗，由乡镇教委统一管理，分配到各校上课，对轮岗的音乐教师进行出勤、教学、辅导情况等方面的考核和监督。同时邀请培训基地的优秀音乐教师下到乡村做深入调研，加强教师之间的交流，发现乡村中小学音乐教师在音乐教育方面的缺陷，制订一套全面的、具体的、系统的培训方案，让参加培训的教师经过培训后能够学以致用。

(六) 利用好优秀的兼职教师

乡村的民间文化资源非常丰富，召集社会上的民间艺人，经过培训后充实到乡村中小学进行音乐辅导，以缓解乡村中小学音乐教师紧缺的问题，并且可以通过这些外聘教师的辅导，把民间的、民族的音乐文化传授给广大的乡村中小学生，促进民间音乐文化的传承与推广。这是一个美好的愿望，但也要时刻警惕，《中华人民共和国教育法》中明确规定没有教师资格证就不能成为一名合法的教师，教学课程须按教学大纲进行。

(七) 鼓励艺术院校的毕业生作为志愿者到乡村中小学支教

教育主管部门应联合艺术院校，号召毕业生教学实践能下到乡村去，在政策上给予支持和鼓励。一方面毕业生在实践过程中磨炼个人意志，提高个人修养，学以致用，积累教学经验，增加人生阅历，为乡村中小学的音乐教育提供了新鲜的血液；另一方面，在实践过程中，希望这些志愿者心系乡村，最终留下来成为乡村音乐教育的一分子。

(八) 实施远程音乐教育

信息化时代网络无处不在，教育主管部门应充分利用这一有效手段，

定期组织专业院校的优秀音乐教师采用视频培训模式，从各个角度全方位地对乡村中小学音乐教师进行培训，将培训的过程录制下来，制作成光盘或发布到网上，为有需要的教师参考与学习提供便利。同时调查分析，找出乡村中小学音乐教师的需求，聘请专业院校的优秀音乐教师制作一些多媒体的音乐培训课程以及发达城市的中小学校的音乐教学资料，通过互联网、多媒体，来进行音乐知识的传授，这样就可以使乡村中小学音乐教师开拓视野，了解发达城市对于音乐教学的先进理念，乡村中小学音乐教师通过各种渠道来提高个人的专业水平，将所听所看施教于学生，学生从中受益。这种教学手段既经济又有时效，对于乡村中小学校音乐教师比较缺乏这一现状来说，无疑是一种有效的解决途径。

二、加强培训基地的规范建设

根据乡村学校中小学音乐教师培训的情况分析，规范的培训基地是乡村中小学校音乐教师培训质量的保证。

（一）建立规章制度，加强对培训教师的管理

培训基地除了应具备良好的教学环境、先进的教学设备、雄厚的师资力量外，还应制定相应的培训教师管理制度。培训基地成立培训管理工作领导小组，落实第一责任人以及直接负责人的管理机制，健全组织机构，明确组织分工。对培训教师在培训基地期间的衣食住行，以及从学员报到登记、考勤管理、成绩考核、结业及学籍管理等方方面面严格要求，并组织培训教师和受训学员，对实施计划进行协调、控制，完成既定的培训目标，达到预期的培训质量。同时在培训过程中，培训教师在力所能及的范围内帮助受训教师解决生活和学习中出现的问题，并及时收集受训教师对培训的意见和要求，认真地加以归纳总结，推广成功的经验，找出差距，纠正偏差，改进工作，不断提高培训的质量。

（二）选择优秀的培训师资

影响培训质量的另一个关键因素是师资，根据培训特点和要求有针对性地选择教师是确保培训质量的重要因素。乡村中小学培训师资不能只局限

于选择音乐高校的知名教授、教师来担任，虽然他们在各自的专业领域建树较高，但对基础音乐教育领域，尤其是乡村中小学音乐教育不甚了解，所传授的内容虽很专业，但有些并不能让教师接受。长期以来的教师培训经验总结说明，那种既了解乡村中小学教学实际、有较高的理论水平、专业能力和丰富的教学经验，又能将理论和实践融会贯通的人是最合适的师资选择。

优秀的培训教师应做到以下几点。首先，从事教师培训的教师要具有先进的教育理念和教育理论水平，了解中小学音乐教育发展趋势，更要具有较高的专业水平，较强的实践能力、创新能力和教学、科研能力，积极的、认真的教学态度。他们应深入乡村中小学音乐教育教学、教研、教改第一线，了解乡村中小学音乐教学的现实情况和音乐教师基本素质与能力，并指导中小学音乐教育教学实践。其次，培训教师在培训中应转变角色，关注乡村中小学音乐教师的个体差异，关注他们的需要、期望，关注他们的特点，能够促使他们积极地参与培训。培训教师在教师培训的过程中的角色不仅是一个知识的传授者，更应该是一个帮助者、指导者、合作者这样一个综合角色。培训教师应该更多地让乡村中小学教师在学习过程中自由地发表观点和看法，并鼓励教师实际参与和多方的交流，结合教师的实际工作中存在的问题，促使教师处于一种积极的学习状态，能进行独立的思考，并使教师能够在今后的学习和工作中，获得不断发展自己、提升自己的可持续发展的能力。最后，培训教师还应注重挖掘乡村中小学教师在培训中的集体智慧。他们本身就是很好的教学资源，利用教师现成的教学案例，进行研讨分析和交流，无疑对乡村中小学音乐教师帮助更大，培训机构和培训教师应重视这一丰富的教学资源。

三、深化课程和教学方法的改革

音乐教师培训课程内容的科学设置是培训否成功的关键因素之一。乡村中小学校音乐教师缺失，这已是不争的事实。有的是专职音乐教师，有的是兼职，差异如此之大的培训对象，培训的目标、内容自然应不尽相同。实施统一培训、讲授同一内容的课程，自然不能满足所有参加培训教师的需求，更难以照顾到教师的个体差异，培训的针对性和实效性不能不打折扣了。这种根据上级统一部署，不分青红皂白一刀切、一锅煮的全员培训，忽

视了教师主体性和个别差异性，培训部门应分层次因材施教。教师培训集中学习的时间又比较短，要完成音乐基础理论及声乐、器乐专业技能、教学法等方面的学习，使得培训课程内容的选择问题更为突出，如何使课程设置具有指导性与实效性，显得尤为重要。

（一）课程设置应突出实效性与实用性

乡村中小学音乐教师培训的课程设置应重视"案例教学"的研究和积累。在案例研究中，以乡村中小学音乐课教学和教师在工作中存在的问题为资料，多角度进行综合分析，作出准确的教学诊断与评价，把案例进行整理，让教师对照自己在教学中出现的问题进行讨论、分析，由培训基地的优秀师资队伍和教育主管部门把积累的音乐教学案例及个案分析汇编成教材，在培训中给教师提供实际的指导。

（二）培训应侧重培养中小学音乐教师的实际应用能力

培训应注重课堂教学能力、音乐专业技能的提高，音乐活动的组织，帮助参加培训的乡村中小学教师解决实际问题，与中小学音乐教学实践密切联系，在培训中的实践参与体验。如可开设"音乐教学法""如何组织小乐队""如何进行钢琴教学""如何排练合唱"等课程。此类课程可操作性、实用性较强，能极大提高参加培训的中小学音乐教师的教学实践能力和教育教学能力。培训的教学内容应不断更新，与时俱进。根据培训时间，合理安排课程内容，培训可综合性培训和专业重点培训相结合，力求在有限的时间内达到最好的教学效果。作为培训基地，应根据对乡村中小音乐教师的业务能力、专业技能水平的了解，科学制定课程内容。教师培训的专业可分为必修专业和选修专业。选修专业和听课内容，参加培训的教师可自行选择。

（三）组织重点专业内容的培训

1. 奥尔夫教学法的培训

教学方法是传递音乐教育的手段，也是达到良好的教学效果和教育目标的关键性要素之一。教师的教学方法需不断革新，且在教学中灵活运用。改变一种观念和思想固然存在一定的困难，但这并不意味着我们就可以不去尝试。"教学有法，但无定法"。[①]奥尔夫教学法、柯达伊教学法、达尔克罗兹教学法、铃木教学法都是当今世界最著名、影响最广泛的教学法。随着国际交流的增多，应该引进和借鉴国外一些先进优秀的音乐教学方法和理念来指导我国的中小学音乐教育。奥尔夫教学法的师资班已经培养了大批的师资力量。一是培训教师在对乡村中小学音乐教师的专业培训中运用，就能让参加培训教师来感受奥尔夫教学法的特点和优势。二是聘请优秀的奥尔夫教学法的专家、教师对乡村的中小学音乐教师进行系统的培训。在对乡村中小学音乐教师的问卷调查结果也充分体现了对先进的教学法的需求。这既是对培训教师教学方法提出了更高的要求，也说明培训教师希望在教学内容里增设教学法的学习。

(1) 奥尔夫教学法理念和基本内容的学习

奥尔夫教学法是当代德国著名作曲家、儿童音乐教育家卡尔·奥尔夫（Karl Orff）首创，后经许多专家继承与发展而形成的音乐教学法。追求朴实性、主张整体性、注重实践性、提倡普及性、强调创造性、坚持开放性是它的六大理念，这种内蕴丰富的先进理念和教学方法，受到了世界各地教育界的广泛重视，成为举世公认的优秀教学法。奥尔夫教学法遵循儿童身心发展规律，符合儿童认知特点，依据儿童接受能力，借助游戏、图谱欣赏、演奏、语言朗诵、音乐故事、"人体乐器""节奏基石"、美术舞蹈、作曲识谱等多种形式和手段对儿童进行综合训练。以游戏、互动的方式进行音乐教育是奥尔夫教学法的重要特点。

(2) 奥尔夫音乐教学法在音乐教学中的实践应用

奥尔夫教学法在音乐理论知识、器乐、声乐、韵律等方面的学习中等都到了广泛的应用。

如：奥尔夫教学法在音乐理论学习中的应用。音乐理论知识是学好音乐的基石，而乐理、视唱练耳的教学，不是被学生忽视，就是觉得内容枯燥、难懂、难记，要想取得满意的效果，激发学生的学习兴趣，是至关重要的。"兴趣是最好的教师"，音乐理论的教学，既不能被忽视，也不能用简单得过于公式化的概念去教授，而应从朗诵入手进入节奏教学，结合身体动作进行节奏训练，利用打击乐器培养儿童的表演能力和创造能力。

[①] 夸美纽斯. 大教育论 [M]. 傅任敢, 译. 北京：人民教育出版社, 1957: 165.

课例：音符的时值学习。

采用画图切蛋糕的方法。第一步：给学生发三个大小相同的圆，让学生给三个圆涂上自己喜欢的三种颜色，在背面把相应的音符写在上面，按照圆上的等分线把圆剪开，根据教师的要求拿出相应的那一块。如：教师说全音符，学生就要举起写有全音符的那个圆。第二步：启发学生用自己的身体去做一个四分音符的形状，然后选出一个最形象的让其他同学模仿。二分音符是两个同学把手拉起来，附点二分音符是三个人把手拉起来，全音符是四个人把手拉起来。听教师的口令同学们作出相应的变化。这种方法，学生既能直观地观察判断音符时值的长短划分与相应图形分割的比例关系，又能通过身体的运动和位置的变化，形象地记住每种音符的形状。

2. 合唱培训作为重点培训内容

由于乡村中小学的办学条件有限，音乐教师的专业素质、教学能力较低，又因为合唱在中小学音乐教育当中占有很重要的位置，而很多中小学教师在合唱理论和技能方面有所欠缺，往往在给学生排练的时候感觉力不从心。应对声乐的演唱方法、基础的气息、发声方法、技巧进行培训。对合唱教学的理论、编排及一些合唱指挥的内容以及针对变声期合唱训练的方法进行培训。也许演唱水平不能立刻提高，但对声乐的正确的演唱方法、教学法、欣赏水平、合唱的相关训练等方面都能有所提升，并有计划、分阶段地设定学习目标，把所学知识运用到乡村中小学的实际教学中。

3. 大力推广数码钢琴教学

钢琴教学是音乐教育的基础学科，应该是音乐教师教学的必备技能。在调查中发现乡村中小学教师对于钢琴的学习也是很迫切的。2002年辽宁省省政府、教育厅实行了把钢琴送进乡村中小学的重大举措，为学校增加了教学设施。钢琴有了，就要对音乐教师的钢琴演奏、教学进行重点培训。培训效果也较明显，在乡村中小学的教室里传出了阵阵琴声，钢琴没有被闲置在教师的角落里。

作为培训基地也要把钢琴教学作为重点的培训内容。传统的钢琴教学，多采用一对一授课，针对性强，但对于集体的教师培训还是存在很多弊端。数码钢琴教学是集传统钢琴教学、现代科学技术于一体的教学模式。

数码钢琴教学可以一对一、一对众地教学，有利于教师与参加培训教

师之间的教学信息快速反馈，也便于教师的调控。

教师可以组织参加培训的教师进行分组练习，一部分练左手，一部分练右手，再交换，以此促进协作。还可以让钢琴课堂在有声和无声之间转换。教师可在此处对谱例中的乐理知识如谱号、调号、不同音符时值等进行讲解及视唱的练习。同时，加入奥尔夫的声势训练，把谱例中的音高由低到高，用不同的动作表现出来，do—跺脚，mi—拍腿，sol—拍手，高音 do—捻指，让接受培训的教师感受到音的高低。

培训的内容丰富、有趣，有利于参加培训的教师的积极参与。数码钢琴教学非常适合在乡村中小学音乐教师培训中使用，也非常适合在乡村中小学推广和使用。建一个数码钢琴教室的资金并不高，而这种资源却可以让所有乡村中小学的孩子们共享，它的教学优势可以解决钢琴教学中存在的师资缺乏、音乐教育资金投入不足、设备短缺等困难，推动钢琴教学在乡村的推广，也会促进乡村中小学音乐教育整体水平的提高。另外，培训专业也应设置一些乐器价格较低、适合集体学习、相对而言初级学习较容易的乐器，比如一些民族乐器中简单的吹奏乐器、弹拨乐器等，它们易于学习和推广。

(四) 授课方式应灵活、多样化

开展音乐教师培训的最传统的方式就是当面授课，它也是最有效的培训方式，由于乡村中小学音乐教师的专业素质较低、参差不齐，因此，根据不同的专业及教学内容，应制定不同的授课形式。理论知识方面的课程由浅入深，有无基础都能接受并掌握，这类课程可进行集体教学。专业技能方面采取一对一教学、小组课集体教学相结合的方式。专业技能教学还有一种教学形式就是集体观摩，教师可根据每位培训教师的在培训中出现的共性问题和个性问题进行讲解，所有教师都能观摩学习。为检查培训的效果和教学的质量还应安排教学成果汇报演出，使培训教师无论在排练还是演出过程中都得到锻炼。另外，还应安排传统的讲座授课形式，由专家、教授根据培训教师的需求讲解某一方面的专业内容、教学方法，对培训教师在实际的教学中具有重要的指导作用。多样化的授课方式一定会增强培训的效果，让培训教师对培训产生浓厚兴趣。如综合性培训课程设置就体现了多样的授课方式（见表 4-1）:

表 4-1 综合性培训课程设置

专业	教学形式	课时	时间	地点
钢琴	一对一	6课时	45分钟/课时	琴房
	小组课	4课时	90分钟/课时	琴房
	观摩	3课时	45分钟/课时	观摩厅
	讲座	3课时	90分钟/课时	观摩厅
	练琴	—	2小时/天	琴房
	汇报演出	—	90分钟/次	观摩厅
即兴伴奏	讲座	3课时	90分钟/课时	观摩厅
声乐	讲座	2课时	90分钟/课时	观摩厅
	听课	3课时	45分钟/课时	琴房
合唱指挥	观摩	2课时	90分钟/课时	观摩厅
其他民族乐器	听课	2课时	45分钟/课时	琴房
奥尔夫教学法	集体课	6课时	45分钟/课时	综合教室
音乐欣赏课	集体课	2课时	90分钟/课时	综合教室

(五) 建立培训考核机制

课程评价是教育管理的一项行之有效的手段，是一种价值判断可用于评价音乐教师参加培训是否达到要求、标准，不管这种评价是诊断性的还是总结性的，它为我们提供教师培训的信息反馈，对于检验培训的质量，促进培训教师对培训课程的认识和思考都是有益的。[1] 考核内容就是培训的教学内容。可以一方面进行专业技能的考核，比如钢琴，是否可以完成培训中教师指定曲目的演奏。一方面进行模拟课堂的教学。这些考核旨在让参与培训的教师虚心学习，能够达到培训要求与标准。

---

[1] 范恩源、洪文峰. 中小学教师继续教育课程体系研究 [M]. 北京：北京理工大学出版社，2004.

四、学校加强对校本培训的重视

(一) 要正确认识教师培训工作

学校要正确认识教师培训工作,在选派参与培训教师时避免随意、硬性摊派的现象,选派的培训教师所学专业和从教学科与培训内容相统一,既有骨干教师的培训机会,也有普通教师的学习机会,从而调动教师的积极性,充分利用和挖掘校本培训资源,建立和健全实行本校教师互助培训体系。学校要将教师培训工作分阶段、有步骤、有目标、有针对性地持续开展下去。把定期的短期培训和中长期培训、日常的教学结合起来,把培训内容与提升教师的教育教学技能结合起来。

(二) 大力开展校本培训

校本培训是乡村中小学音乐教师培训的主要途径,抓好校本培训是提高乡村中小学音乐学校教学质量的重要手段。校本培训需不断完善,打破教师培训在时间、空间的局限,把培训学习与工作实践融为一体,更具有针对性和实效性。

1. 校本培训要制订切实可行的系统的培训计划方案并认真落实

每学期把培训时间、培训内容和培训形式,都列成表格明确安排、具体落实,做到有条不紊。培训内容可分为师德培训、基本功培训、教学技能培训、教学科研能力的培训、文化知识的培训和现代教学技术的培训,通过专题讲座、经验交流,听课评课、研究探讨、观摩学习、个人自学等形式进行。同时,做好人员和时间的安排。

2. 对校本培训的管理、监督也尤为重要

把激励制度与评价考核机制相结合,对培训教师进行测评,收集反馈信息,及时调整培训行为,梳理培训中存在的问题,思考相应的解决对策。激发教师的培训热情、工作积极性。

3. 校本培训也要加强校际交流

校本培训除了本校教师之间要加强交流合作、集思广益,以问题为中心进行研究讨论,取长补短,形成良好的分享、共享的研讨氛围外,也要加

强校际交流。一方面，要与培训基地联系与沟通，建立合作关系，充分利用培训基地的优势资源，指导学校的校本培训。同时还要加强与兄弟学校间的交流合作。各学校在校本培训中积累的一些经验可以互相交流，互相借鉴，对于培训中出现的困难和问题，也可以研究对策，拓宽校本培训的视野，共同促进校本培训良好持续地发展。

五、培训教师应正确认识培训的重要性

"音乐是人的教育不可缺少的部分，如果不具备这方面的修养，教育就不完整，离开了音乐就谈不上是个全面发展的人。"[1] 音乐教育的主导者是音乐教师，是学生素质教育的领路人。不但要教给学生音乐专业能力，更要教给学生学会用审美的眼光来审视和表现诠释音乐，任务十分艰巨。学生综合素质的提高，倚重于音乐教师的整体素质和修养，教师培训理应得到乡村中小学音乐教师的高度重视。

（一）提高对音乐教师培训的认识

教师是人类灵魂的工程师，必须努力提高自己的思想政治素质和业务水平，热爱教育事业，教书育人，为人师表，精心组织教学。学生素质的提高离不开高素质的教师，高质量的教育必须依赖于高素质的教师。每一个人的学习不只是停留在从学校毕业之际，而应当是贯穿于人的一生的学习，是任何人在任何时间、地点都可以获得一切学习机会、发展技能、获得新知识的学习。教师培训是将教育贯穿于人的整个一生的重要手段。音乐教师要有终身教育观念、自我提高的意识、继续学习的欲望、有创新的能力，在工作中不断提高个人职业素养，在教师培训中找到学习音乐、从事音乐教育的乐趣，把音乐教育作为个人的事业，把全部的精力都投入工作，为乡村中小学音乐教育事业作出贡献。

（二）提高音乐教师的职业素养

音乐教师不仅教书育人，同时还肩负着培养未来一代美学修养的使命，可以说是任重道远。教师要有不断发展的能力，要有正确的教育观和相应的

---

[1] 史密斯. 全球化与后现代教育学[M]. 郭洋生, 译. 北京：教科学出版社, 2003.

学科专业知识，而且要具备良好的教学设计、实施、评价等教学能力。具备从事教育教学工作的基本技能和教学能力，它是教师达到教学目标、取得教学成效的潜在的条件。在乡村地区的音乐教育中，要想让每位授课教师都能够通过音乐知识的传授与技能的训练，达到提高学生们音乐素质，最终培养出具有全方位能力与素质的学生，这首先要音乐教师有较高的音乐素养和职业素养。教师的职业素养关系学生的审美观、个人修养等诸多方面的发展。鉴于此，乡村中小学音乐教师有必要加强个人职业素养，教师培训是其中一个行之有效的途径。

通过培训教师可以不断完善个人的学识，加深对专业领域的理解，并且从培训中找到乐趣，更加热爱本职工作，进而大大提高责任心和使命感，为自己从事的这份工作感到骄傲与自豪，并把热情传递给学生，把对音乐的热爱传递给学生，让学生在快乐中享受音乐带给他们的美妙。

（三）提高音乐教师的音乐感受能力和艺术修养

艺术修养，是指个体所具有的艺术感知、理解、表现、鉴赏、判断、创造能力所形成的独特的审美心理特征，它是一个人艺术欣赏与艺术表现能力的综合反映。[①] 作为乡村中小学音乐教师除了要具备良好的职业素养外，还须具有一定的艺术修养。教师培训不仅仅是提高音乐知识和音乐技能，艺术修养也会通过培训的过程不断提升。音乐感受能力也称乐感，它是指欣赏者对音乐的感受、想象、表达等方式的综合反映，欣赏者通过对音乐的感知，对音乐的感染力和艺术表现力等方面会有个人独特的感受。这种对音乐的感受能力是提高对音乐能力的先决条件。音乐欣赏教学应以音乐教育的主体性、活动性、实践性、参与性、愉悦性为主，引导学生在综合品质的基础上对音乐作品进行参与、欣赏与体验，使他们在欣赏音乐的实践活动中认识、理解、感受音乐。音乐是需要用听来感受的，好的音乐作品，称得上听觉的盛宴，所以要想提高对音乐的感受能力，听是关键。通过培训加强教师对"听"的理解，知道如何去"听"，才能真正感受音乐带给我们的美和震撼力。只有听懂了音乐，才能更好地诠释音乐，演奏音乐，才能把音乐的旋律美、节奏美、形式美传授给学生，让学生真真切切地感受音乐带来的无穷魅力。

---

① 刘承华. 中国音乐的人文阐释 [M]. 上海：上海音乐出版社，2002.

总而言之，对乡村中小学音乐教师的培训不能仅靠一时的热情，而应需要教育主管部门、教师及相关部门的相互协作，长期完善改进，培训最终才能取得良好效果，才能切实地为推进音乐教育事业的发展起到作用。

(四) 在职培训巩固提升

虽然教师在本科时期会在通识学科课程中进行人文知识素养的相关学习，但是在入职后很难在实际的教学中融会贯通并进行较好的应用，所以这些基本上都需要来自入职后的教育培训。笔者通过访谈发现，炎陵县地区关于音乐教师的培训举办的次数屈指可数，音乐学科基地主要通过网络 QQ 群进行小课题研讨的方式。如果有专家型的讲座，一般都是以市级培训为单位，由于路途较远、耗时较长和经费有限，一般只有少数人能参加。而在培训方式上，乡村音乐教师的在职培训大多是针对音乐教学内容，或者采取赛后总结的方式，而对提高音乐教师人文素养的培养较少，有的培训甚至对此没有体现，许多必需的人文知识素养并未纳入在职培训中，所以必须强化和更新乡村音乐教师的在职教育培养。为了解决这一问题，第一，应该组织专职教师对理论知识进行继续学习，并鼓励教师发挥自己的主动性利用网络和书籍进行自我提升。第二，可以让教学经验丰富的老教师、理论素养高的教师和教研组长共同开展公开课活动，来帮助理论素养较低的教师。第三，可以让具有丰富教学经验的老教师和专业素养较高的音乐课教师和教研室组长共同开展公开听课评课活动，以帮助素养较低的教师。第四，青年教师应认真学习，进行总结和反思，编写教学计划，并对教学进行实时反思。为了解决专职音乐教师的专业素养欠缺的问题，必须加快和加强对教师的培训，以提高教师的整体素质，促进乡村音乐教师专业化发展。第五，专科学历的教师可以进行深造，通过自考本科，去当地师范院校继续提升学历，进一步使自己的理论知识素养向更高的水平发展。

第五章　乡村音乐教师专业认同的重建

第一节　音乐教师专业认同的定义、特点与分类

一、专业认同的定义

(一) 专业认同

所谓"专业认同",主要是指专业人员在从事工作的过程中逐步形成的对自身工作的感知、理解和情感态度,这些直接影响着从业者的理想、行为,左右其对自身的肯定程度。这是从事各类专业的工作人员所具有的普遍特征。可以说专业认同是一种意识的形成,是一套价值内化的过程,也是一种自我意象的组成。

(二) 教师专业认同

对于教育的第一直接执行者教师来说,教师专业认同主要是教师自己或整个教师人群在传授和教导学生专业知识的实践中渐渐完善、总结并最终定型的对其教师专业概念的理解与想法,是教师对其自我定位,应该怎样做,这么做的原因的认识、感知、考虑与想法。它对教师自身对于工作环境和自身的专业情感与肩负责任的理解,都有着重大意义,并可以促进其积极地进行专业指导与教学活动。另外,教师专业认同也是促使教师专业缓步发展的内在要求,是更进一步实现促进新课改的关键点。

(三) 乡村音乐教师专业认同

乡村音乐教师专业认同就是在乡村这种特定的情境下,教师自己或教师人群在传授和教导学生专业知识的实践中渐渐完善、总结并最终定型的对其教师专业概念的理解与想法。

二、音乐教师专业认同的特点

(一) 自愿、自发特点

教师专业认同是教师由于自身内在所存在的种种因素的驱使下而自发、自愿地迸发出的，而不是冲动地被决定于外在的情境和各种指令。教师内在的种种因素，直接指挥领导了教师专业认同的迸发，它是自愿、自发的行为，是自主改造定型而不是被动改造定型。

教师内在的种种因素通常包括本体性价值认同与情感认同。

培养良好的教师自愿、自发性，要求教师经常在工作学习中进行分析、总结，并进行切合实际的自我批判，进行自愿、自发特性的练习与锻炼，积极地从单纯的理论基础走向实际的转变，促使教师专业认同的协调、稳步地发展。

(二) 建造、设计性特点

教师专业化资格标准、教师能力、承担力以及其角色期盼度，都是不稳定的模式向稳定化模式转化的外在要求。教师唯有把这些外在的压力和要求变成自身内在自愿、自发性的行为驱动，才可以在专业上建造并设计好符合自身特点的专业认同，才可以更好地促进自身专业的完善和进步。

(三) 变化性特点

英国社会学家安东尼·吉登斯（Anthony Giddens）认为，认同是由人类自己创造的一个动态的、没有终点的过程。教师专业认同不是一成不变的，它伴随着社会发展、教育变革、教育情境、与他者关系的改变而发生改变。

(四) 引导和控制性特点

教师本体性价值观的不断变化逐步导致自愿、自发性随之而变化，并导致其在教育过程中产生众多正面和负面的意识形态。这些变化诞生了教师专业情感认同，它直接引导和控制着教师在教育过程中的意识形态和行为动态，并严重影响、制约了教师专业认同的前进步伐。

三、音乐教师专业认同的分类

从意识形态建设出发，将音乐教师专业认同分为情感专业认同和理性认知专业认同。

(一) 情感专业认同

情感也就是感情，根据价值的正负变化方向的不同，分为正向的情感与负向的情感。正向的情感是人对正向价值的增加或负向价值的减少所产生的感情，如愉快、信任、感激、庆幸等；负向的情感是人对正向价值的减少或负向价值的增加所产生的感情，如痛苦、鄙视、仇恨、嫉妒等。由此，情感专业认同可分为积极情感专业认同和消极情感专业认同。情感是人的必需品，它不但是自身意识形态的组织者，带动着内心活动的同时，给予了外在行动的原因支持，也同时担负着人与人之间交换信息的责任。人非草木，孰能无情？了解情感，才能了解自身的感情，在交流中体会其他个体的感情，并分析、比较、学习，将之积极方面转化为自身感情，掌握、控制好自身感情，对教师专业认同有着积极的促进作用。反之，任其自由发展，则会导致消极情感的壮大发展，则会使自己陷入痛苦的境地。

积极的情感专业认同主要体现是主观幸福感，其最基本的表现为教师在工作实践中获得的积极情感专业认同的体验。使其内心快乐，自主地得到幸福感，而为了持续这种自主幸福感，教师主体会在教学实践活动中更为积极、努力地改造、完善自身的专业认同。主观幸福感与教师自身息息相关，获得和感受都是要不断地在实践中锻炼、总结而形成的自我能力。

根据价值主体的类型的不同，情感可分为个人情感、集体情感和社会情感。个人情感是指个人对事物所产生的情感；集体情感是指集体成员对事物所产生的合成情感，阶级情感是一种典型的集体情感；社会情感是指社会成员对事物所产生的合成情感，民族情感是一种典型的社会情感。由此，情感专业认同可以分为个人情感认同、集体情感认同、社会情感认同。

(二) 理性认知专业认同

认知是指人们认识活动的过程，即个体对感觉信号接收、检测、转换、

简约、合成、编码、储存、提取、重建、概念形成、判断和问题解决的信息加工处理过程。

在教师专业认同过程中，产生出了不同的心理变化，这种变化形成了与之相对应的刺激与反应，而这种刺激与反应的中介就是认知。反应不是刺激所导致的结果，而是来源于认知，是认知引起了反应。拥有理性的认知，就成为教师认知专业认同中的重中之重。教师理性地认知专业认同不但能够使教师养成具有自身特色的认知认同方式，安排协调好认知认同结构，还能更加完整地理解、重建认知专业认同，带动教师理性认知专业认同的积极开展。

第二节　乡村音乐教师专业认同重建的必要性

一、音乐教师专业认同危机

认同危机，是指人在成长或者说社会化的各个阶段都会遇到各种心理问题，如果成功地解决这些问题就会表现出积极的反应，如果不能很好地解决这些问题，就会出现危机，这种危机就称为认同危机。

在现代社会中，以自我意识为中心日趋严重，导致认同危机越来越显著。认同危机与认同是相对的，认同就是指主体对客体的确认并赞同，并最后走向同一的过程，因此认同就是确认相同的过程。认同的特点：以自我为中心是认同的主体，主体遵循特定的准则来确定是否同意与接纳所认同的主体。经过认同确认自我为主体的唯一合理性，使自我从外部走向中心，并占据领导地位。认同危机，是将已经确定并认同的中心进行改变及破坏，将其已经占据的领导地位夺走，使其从中心再次回到外部，造成结构上的分裂。

二、乡村中小学音乐教师专业认同重建的必要性

（一）音乐教师专业认同的重建有利于人生价值观的实现

乡村中小学音乐教师专业认同的重建会使音乐教师对自身特有的人生价值进行自我剖析，使其自豪感增强，对其专业认同的发展起到推动的作

用。在思想上，使其产生满足感、幸福感，从而指导音乐教师对其音乐教育教学态度更加积极、明朗，使其为了得到更多的自豪感和幸福感而认真地担负其自身的教书育人的历史使命。这些发生的种种都需要建立在一个相对稳定、平衡发展的乡村中小学音乐教师专业认同的内部架构中。

乡村中小学音乐教师人生价值观的实现能够满足个体对于自身幸福感的追求，音乐教师在教育教学的过程中，以自我价值的实现作为社会价值实现的原动力，并且音乐教师在不断提高自我人生价值观的形成与发展的同时，带动了音乐教师的社会价值观的相应实现。既满足了主体的人生价值观需求，又增加了社会价值观的满意度。而音乐教师人生价值观的实现就是要将自身的自我价值观与社会价值观统一、融合，变为一个新的有机整体，才能够达到真的人生价值观实现。而为了达到这种统一，首先要让音乐教师的社会价值得到满足和实现，再来带动音乐教师个人的自我需要，这样，人生价值观才会尽快地融合为一体。音乐教师个体要努力将其社会价值进行充分的发挥，才能体验到音乐教育教学工作所带来的个体的人生价值观。马斯洛曾说过："存在的价值对以自我实现者来说，就是它所献身的'工作''事业''使命'和'天职'。"[1]

换一种说法就是音乐教师人生价值观的实现，除了满足自己的物质需要之外，更要通过对学生、社会作出有价值、有意义的行为，去磨炼自己的意志，锻炼自己的行为能力，不断地改造、完善自身。而这些就要求音乐教师努力地去参加社会活动，积极地参与教育教学实践，明确自己的使命感，带着神圣的自豪感去肩负着社会赋予他们的重任。在努力实现中，发挥主观能动性，发挥创新的自我意识，发挥其教育教学的能力，激发自己勇敢面对各种困难，去实现人生价值的精神。这种积极的音乐教师专业认同就促进了音乐教师与教育教学、自身使命的融合，使音乐教师人生的社会价值与人生自我价值达到了高度的统一，为音乐教师人生价值的实现奠定了基础。乡村中小学音乐教师专业认同的重建过程，也是一个真实地反映了音乐教师人生价值观实现的过程，这种音乐教师专业认同的重建是非常有必要的，只有重建音乐教师专业认可，才可以达到音乐教师人生价值观的实现，更有利于音乐教师身心健康地发展。

---

[1] 魏淑华.国外教师职业认同研究述评[J].上海教育科研,2005(03):16-18.

(二) 音乐教师专业认同的重建有利于音乐教师主体性的体现

"人的主体性是人作为活动主体的质的规定性,是在与客体相互作用中得到发展的人的自觉、自主、能动和创造的特性。"① 音乐教师的主体性就是指音乐教师在自身发展和教学实践中所展现的自我主动性、创造性和主观能动性。音乐教师的主体性不是与生俱来的,而是通过其在学校中的音乐教育教学实践活动慢慢地形成的。它与音乐教师人生价值观相伴相生,音乐教师的人生价值观诞生、发展的过程,就是音乐教师自我的主体性产生、发展的过程。由于外界的因素,教育的主体教师,其主体性受到了极大的压制,不能发挥其主体性的作用,甚至完全没有主体性。朱小蔓教授指出:"教师只有本人成为主体,不再仅仅是计划实施者和知识传递者,而是在发现学生、发现学生的不同需要的基础上,用自己的观念认识、信念理想、经验意向和心血情操主体性地处理知识教学、化育德性人格、经营组织管理,才可能富有生气和色彩地创造'人的教育'。"没有音乐教师人生价值观的质的提高,没有音乐教师的思想的进步,没有音乐教师自主地去开展教育教学活动,就肯定不会存在高质量的教育成果,不会存在学生的思想进步,不会存在学生自主学习能力的加强和学生创新能力的提高。作为教育主体的音乐教师,其主体性应该得到发挥。而这种主体性发挥的最重要一点就是要有明确的自我专业发展的目标和自我反思的能力,能够对自己的生活、学习、工作,有一个良好的、理性的认知,并且在此基础上总结和归纳,重新建立起适合自己的独特的音乐教师专业认同的新架构。

音乐教师专业认同重建的过程其实就是音乐教师发挥自我主观能动性,创造性地实现音乐教育教学实践的过程。其包含有以下内容。

1. 音乐教师专业认同的重建能够使音乐教师主体意识加快形成和发展

音乐教师在学校进行音乐教育教学有关活动的过程中逐步形成了自己的音乐专业认同,既是对音乐教师的主体能力的培养和锻炼,也是音乐教师的自身主体能力在教学中进行实践的体现。还能够让音乐教师的人生价值的目标更加明确,更为容易实现。

---

① 郁松华,陈洁,王姣艳.教师幸福感指数与职业认同、社会支持的关系研究[J].科教文汇,2009(11):8.

2. 音乐教师专业认同的重建有助于音乐教师主体价值的实现

乡村中小学的音乐教师作为教育主体，应该严格地按照主体价值存在的定律，主动地对自身进行自我认知，发现自身的人生价值，挖掘自身的自主性、主动性及创新性。在面对新的教育环境的时候，建立起自己的音乐教师专业认同架构，形成一种既拥有音乐教育教学自我觉悟性，又具有紧迫的责任感的音乐专业认同架构，形成一种在音乐教育教学中运用音乐教师自身人生价值观引导、培养学生全新的符合素质教育学习要求的自主学习能力，同时也更加锻炼音乐教师自身的人生价值观的发展与进步。音乐教师专业认同重建的实现，可以让音乐教师在乡村中小学的音乐教学实践中，提高个人的音乐素养、认同个人的专业、增加自身的理想信念、实现自我的主导。

(三) 音乐教师专业认同的重建有助于音乐教师主观幸福感的达成

幸福，是每个人都追求的，做一个幸福的音乐的教师，也是每个音乐教师毕生的追求，是音乐教师专业认同形成和发展的需要。音乐教师只有对自己人生价值有了明确的认知，才会在积极地投入音乐教学活动中体会、感知到幸福的存在，才能对自身教学环境作出正面的认知和判断，才能够对自身专业通过各种可行的方法不断地进行提高，并逐渐地构建出一个具有合理性的专业认同架构，才能够使音乐教师自身对音乐教育的教学产生热情，才能激发出音乐教师的主观能动性。音乐教师的专业认同和自主幸福感是相辅相成的关系，它们同样都是精神的追求，具有自主性，自身的专业认同的达成会极大地促进主观幸福感的形成、发展与完善。

(四) 音乐教师专业认同的重建对音乐教师专业发展的意义

乡村中小学音乐教师经历了很多阶段的不同目的的教育培训，使其学历、音乐教学能力在一定程度上都有了相应的提高，但由于管理部门等多方面的原因，众多的音乐教师培训实际效果并不好。音乐教师的专业发展还有待于进一步的提高。踏着国际教师专业认同发展的浪潮，迎着我国素质教育音乐新课程改革的春风，行进在各中小学音乐教师专业素质现状的土地上，努力探索、开辟出一条科学、有效的乡村中小学音乐教师专业认同的发展之路，是目前乃至以后的一段时间里，乡村中小学音乐教师专业认同工作的重点内容。

1. 乡村中小学音乐教师专业认同的重建是音乐教师专业发展的基础

音乐教师的教学过程是一个文化传播和培养高素质人才的过程。教师只有看清了自己的角色，给自己找准了基点，在学校接受师范的教育，成为新手的教师，再在教育实践活动中不断获得经验，并对不合适的地方进行补充与修改，从而在心理上获得更大的动力形成专业认同感才能促使自身音乐专业的发展。音乐教师在音乐教学中的实践与总结，表明了音乐教师专业认同感是音乐教师专业发展的关键的内部动力。

2. 乡村中小学音乐教师专业认同的重建是影响音乐教师专业发展的重要因素

姜勇的观点是，拥有比较高的专业认同度的音乐教师要比较低地拥有专业认同度的音乐教师更容易得到满足感，得到主观幸福感，也能更加地合理运用自身的知识、能力去积极参加教育教学工作。[①]王晓春、甘怡群的观点是，音乐教师专业认同的高低取决于音乐教师所扮演的各种角色关系，角色之间协调得越好，认同程度越高，而角色冲突或者角色模糊是造成工作衰竭或者工作压力大的主要原因。

面对复杂多变的音乐教育教学实践活动，不管是有经验的教师，还是没有经验的年轻教师，都应该不断地开拓、创新自己的专业认同架构，以满足对不断变化的外在客观环境因素的认知和了解，并通过重新设计、建造的内在专业认同的架构对外在因素采取行之有效的举措。音乐教师在不断的教育教学实践中，形成一定的专业认同架构，通过架构来熔化热新课改所造成多重身份的融合，去积极地在学校教育教学活动中寻求满足感、主观幸福感和个人价值观。

3. 乡村中小学音乐教师专业认同的重建是音乐教师有效开展专业实践和发展的重要保障

一方面，音乐教师只有认同自身作为一名音乐专业教师的身份，才能够清晰地认识到自我专业的发展方向，才不会因为各种改革而造成思想混乱，迷失在改革中。这样才能使音乐教师具有音乐专业发展的主观能动性，

---

① 宋广文，魏淑华. 影响教师职业认同的相关因素分析 [J]. 心理发展与教育, 2006(01): 80-86.

才能明确地认识自己、理解自己和超越自己。在新的课程改革中按照自己专业发展的方向积极地投入教学实践。音乐教师专业发展是音乐教师在工作中，经过自身音乐专业的不断培训、磨炼，获得音乐教育的相关能力后，在学校中发挥自主性进行实践活动，提高自身音乐素质，渐渐成为一个合格的音乐专业教师的过程，而音乐教师专业认同也一直贯穿于其中，并且深深地影响着音乐专业发展的过程。也就是说音乐教师专业认同的重新建立是音乐教师能够有效开展专业实践和发展的保障和关键。

另一方面，音乐教师专业认同中积极的情感认同在一定程度上促进了音乐教师专业的发展。音乐教师主观幸福感对音乐教师专业发展的影响如下：

第一，音乐教师主观幸福感是音乐教师专业发展的动力。

首先，音乐教师主观幸福感能够使音乐教师的专业感情更加细腻、丰富，能够为音乐教师专业发展给予感情上的支持。音乐教师的主观幸福感是音乐教师在教学过程中的对于感情的体会，是音乐教师自身发动起来的在实践中得到的积极的感情体会。音乐教师的主观幸福感能够使音乐教师自身感到快乐、感到幸福，能够使教师的教育幸福感加大，能够使音乐教师更加有热情、更有激情地参加音乐教育教学活动。能够通过音乐教师的主观幸福感发挥自身主动性去学习更多的音乐教育的专业知识，提高自身专业能力，提高自身专业素质。但是目前，我国大部分乡村中小学音乐教师都不具有主观幸福感，这种现实普遍的存在，导致了音乐教师在乡村学校中的音乐工作停滞不前、厌倦、没有创新性、没有满足感的各种负面现象存在。

其次，音乐教师主观幸福感的体会过程中能够唤醒音乐教师的音乐教师思想，能够使音乐教师在体会中找到自身在教育学中的目标，能够增强音乐教师专业的信心。随着压力和工作量的加大等，教师也会产生各种负面的思想体会。这就需要音乐教师有一个明确的目标和实现目标的信心，勇敢地去面对困难，解决困难。音乐教师在专业教育教学中体会，如果能够体会出内在的主观幸福感，那么对其人生价值观的发展也有很大的推动作用，而且能够在体会中唤醒对于知识的渴望、对于工作的满意度，并在音乐教育工作中不断通过实践去实现自己的教育目标，完善音乐教育教学的思想。

第二，音乐教师主观幸福感是音乐教师专业发展的归属地。音乐教师

第五章 乡村音乐教师专业认同的重建

的专业发展不但要提高音乐教师专业能力的水平，也要提高音乐教师专业的素质，提高其在教育教学中的质量。音乐教育就是要培养幸福的人，而培养幸福的人就需要音乐教师有体会幸福的能力，只有音乐教师有了能够体会幸福的能力，才能够把幸福传递给学生，使学生也拥有幸福感。提高音乐教师的生活质量，增加音乐教师的主观幸福感，是提高音乐教师工作效率、促进音乐教育发展的必要条件，也是学生能够拥有幸福感的必要条件。

音乐教师的主观幸福感与音乐教师的专业认同在音乐教师的专业发展有着非常的紧密联系，主观幸福感是教师专业发展的归属地。

音乐教师的感情体会一直贯穿在新课改当中，音乐教师在感情上的认同也随着他们在新课改中的教学实践活动在不断地变化着。我们不能低估新课改的复杂、多变性，音乐教师认同以及其中的感情因素对于新课改的成功起着非常重要的作用。当然，音乐教师的感情上的认同也有着一些可以参考、借鉴的规律，而音乐教师的专业认同也有一定的方式、方法来对其提高。[1]但是感情的特点、音乐教师身份和其所在的环境以及音乐教师个体不同的差异等紧密联系的因素，使得我们在音乐教师专业认同的探索、研究中，不能脱离教师个体对音乐专业的认知和思想发展。音乐教师可以通过不断的分析自我行为、反思自我思想等很多方法来认知自己的感情状态和思想发展，以实现音乐教师专业认同，在认同中促进自身音乐教师专业发展。

第三，音乐教师专业认同程度决定着音乐教师对其音乐教学工作的积极性。音乐教师对其自身专业认同有了高的认同度，才能克服困难，解决负面问题带来的困扰。

第四，音乐教师专业认同决定着音乐教育改革的成功与否。在新课改中音乐教师所的反应主要有四种。第一种是没有反应，这种情况的极少一部分的原因是音乐教师的工作已经符合了教育变革的要求，而多数原因是音乐教师对改革所持有的怀疑态度，根本就不支持并且不配合教育变革；第二种是弄虚作假，只在表面上作出改革，其实是换汤不换药；第三种是在没有做好认真的准备、调查工作的时候，按照头脑中已经拥有的认知来调整着一些行动；第四种是改变以前自身内在已经建立好的架构，来适应变革的要求。而这四种针对变革的反应中，第四种才是正确的，也只有第四种反应出现

---

[1] 陈京军,刘艳辉.农村教师职业认同问卷的编制[J].当代教育论坛,2011(09):10-12.

时，变革才是真正地成功了。

第三节 乡村音乐教师专业认同重建的策略

一、加强对乡村中小学音乐教师专业认同的认知

音乐教师专业认同的认知是教师本身对自我专业在教学实践中受到认同度的感知，并对其进行思考、自我认识、自我创新。音乐教师专业认同在自我认知上成熟的一个主要标志就是对于自身专业的明确性。也就是说，音乐教师通过对自身专业认同的正确认知，正确地处理自己在音乐教育教学中的行为，做好符合自身专业的工作，并且理性地对专业认同的架构进行适时的调整。而加强乡村中小学音乐教师专业认同的认知就要加强对音乐教师的培训及引导，促使他们对自身专业认同能够作出一个合理认知。[1]

二、加强乡村音乐教师专业认同感情方面（教师主观幸福感）的培养

音乐教师专业认同在感情方面主要指音乐教师在音乐教学实践中伴随专业认同的形成，产生的自身的体会、情绪。自身在社会环境中活动的过程中，自身和环境之间必然会产生一定的矛盾冲突，而针对这种冲突所作出的评价、感知就是专业认同在感情方面的体现。而这也正是发生在音乐教师专业认同的形成过程中，所以使得音乐教师的感情与专业认同出现了紧密的关系。而当音乐教师拥有了积极的音乐专业认同的情感，就会对自己从事的音乐专业工作持有正确、客观的态度，并且能够积极应对工作中的问题与困难，从自身工作中体验到较高的成就感和归属感，努力地去坚持自己所追求的理想，带着极高的自觉性投入工作，充分发挥自我主观能动性和创造性，并从中获得精神上的满足，以达到幸福。

音乐教师在追求更高层次的主观幸福感的过程就是音乐教师专业发展的过程，在这个过程中，音乐教师不断地锻炼、完善自己的能力以便让自身

---

[1] 于兰兰,吴志华.农村教师职业认同现状调查及分析——以辽宁省为例[J].教育导刊,2011(05):31-34.

体会教师的自主幸福感。主观幸福感是音乐教师专业发展的归属地和目标之一。而加强乡村音乐教师专业认同感情方面的培养对于重建音乐教师专业认同是至关重要的。

音乐教师主观幸福感应该如何实现呢？

(一) 自身的积极改变

音乐教师要努力培养自我创造能力，改变自身对于专业的认知，改变自身心理认知架构，完善音乐教师人生价值观的取向，使自身形成一个相对稳定的架构。要学会解决那些负面、不和谐的问题，避免矛盾的产生，与时俱进、努力创造自我，改变自身心理认知结构，目前音乐教师的人生价值取向已经形成了比较稳定的认知结构，但还有不完善的部分。如不改变那些不和谐的成分，就必然产生激烈的矛盾冲突；音乐教师应该积极主动地去参加社会活动中，接纳新鲜事物，以减少心理的不适应。

(二) 积极、乐观的人生态度

音乐教师应该有一个好的工作态度，保持一种乐观向上的生活态度。乐观积极的态度能够让音乐教师更容易得到满足感，更容易进行自我的认同，使工作更加有效率，有激情和自豪感。

(三) 能力的提高

音乐教师应充分认识自己，努力提高自身音乐教育的相关素质，确立一个良好的知识结构，拥有比较高的教育能力。首先要确立自身人生价值观，坚信自己的理想；其次要正确地评价自己，不断地在反思中调整自己；再次要树立一个时时学习的理念，提高自身的整体素质；最后要保持良好的心态，建立和谐的人际关系。

影响教师获得主观幸福感的因素如图5-1所示：

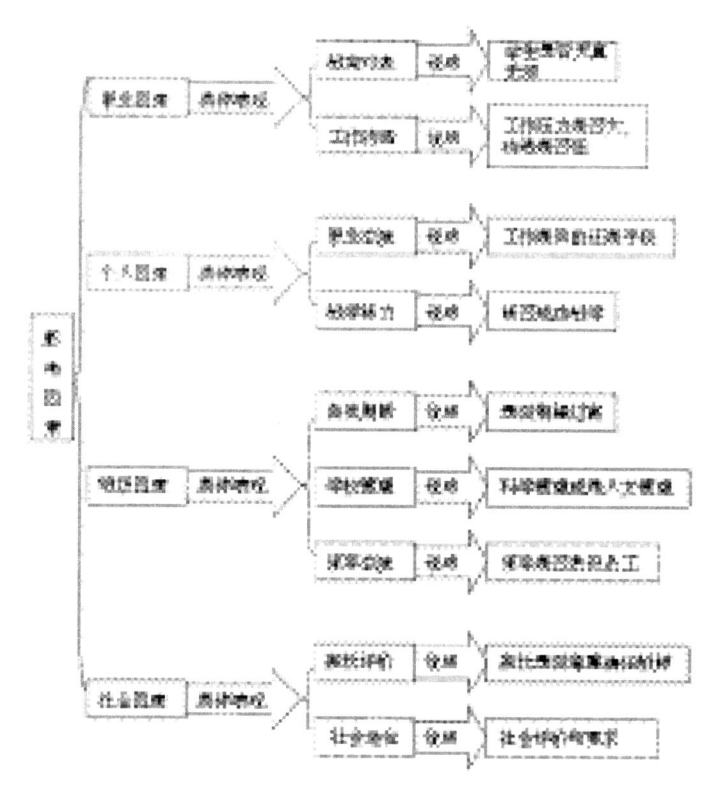

图 5-1 影响教师获得主观幸福感的因素

三、注意乡村中小学音乐教师专业认同行为的多方面落实

乡村中小学音乐教师的专业认同不是简单存在的，而是音乐教师在参与教育教学活动实践中逐渐地形成的。因此音乐教师专业认同需要回到实践中进行改正和完善。

那么如何在新一轮课程改革的大环境下，促进乡村中小学音乐教师的专业认同呢？

(一) 高度关注教师作为主体性的存在

音乐教师的教育教学工作应该是自主性的，而长期以来，这种自主性并没有很好地发挥。很多音乐教师长期处于矛盾的生活、教学状态，尤其在教育改革之后，更加明显与突出。部分音乐教师对自身人生价值观认识不

清，对自身的专业认同不准确。而长期以来，社会、学校甚至教师自身也都没有注重自身的自我主导性，而是将教师变成了一个实现教育改革的工具。我们在重建教师专业认同的时候，要特别注重教师的自我主导性，关注他们的感受、生活状态、经济状况等，才能创造出适合音乐教师个体更好地发挥自我主导性的环境。

(二) 减少音乐教育改革的不明确性

音乐教育改革的不明确性在一定程度上对教师专业发展来说是一种动力，但是这种不确定性如果经常变化，则对音乐教师专业认同起着负面的影响。教育改革要尽量地为音乐教师提供一个较为明确的发展目标、途径和手段，还要尽量保持一种相对和谐的新课程改革的过渡；另外，教育变革的方案执行要切合实际，符合音乐教师的自身特点，让其自主发挥主动权去实现改革的目的。

(三) 注重音乐教师个体实践意义

音乐教师专业认同的实现是在教育教学中实现的。只有参加实践，才能获得对自身专业的认同，才能运用这些正确的认同支配自己日常的行为和思想。要提高音乐教师专业认同，就要重视教师知识在实践中获得，给他们提供实践的良好环境。

(四) 加强音乐教师面对改革的应变能力

音乐教育变革对音乐教师专业提出了很多的新要求，面对这些新要求，音乐教师必须拥有一个良好的应变能力，才能突破以往的陈旧的观念，创造性地对自身认同架构进行理性的重建。要培养音乐教师面对改革的应变能力，就需要管理者多提供专业发展的机会，使音乐教师在改革的环境中与他人积极配合、更新思路、提高自身专业能力，勇敢面对改革的挑战。

(五) 加强社会群体对音乐教师专业认同的支持

音乐教师专业认同经常受到社会群体的负面因素的干扰，例如学生家长、研究专家、媒体等。不能只重视内部的教育改革，也要注意社会群体负

面因素的消除，让社会与学校紧密联系，达到基本的认知平衡，人的价值观得到基本的统一，才能提高音乐教师专业认同的程度。①

(六) 改变偏见，关注音乐课教学的重要性

几乎所有的乡村中小学校，都会将音乐放在不重要的学科之类，这是长期以来都没有解决的历史问题。要想改变这种认知，不是一朝一夕的事情，因此，音乐教师自身要有一个积极的态度，从自身的实际出发，努力提高音乐素质，将工作重点放在如何教育教学上，在教育实践中坚守自己的理念，用自己最大的热情带动他人对其进行正面的认知，以慢慢改变音乐课在学校不受重视的现状。

(七) 国家应加大对乡村中小学校教育的政策支持和监督力度

首先，国家要加大乡村基础教育的经济投入和教育的资源配置，提高教师的工资待遇，尽可能地给予学校更多的教学资源；其次，要建立起一套完善的监督机制，确保音乐教师的工资待遇得到真正落实；最后，要增加乡村中小学校音乐教师的编制，设立特岗津贴，吸引并留住更多的优秀音乐教师。

(八) 乡村中小学校应改进管理制度，更新管理观念，重视音乐教师发展，完善激励制度

首先，要营造一个相对民主和谐的学校环境；其次，要注重音乐教师的发展，挖掘音乐教师的潜力；最后，要重视对音乐教师的激励，制定出一套合适的激励制度。

---

① 李琳. 职业认同——教师成长的必要前提 [J]. 河南教育 (基教版),2008(Z1)：30.

第六章　乡村音乐教师成长发展支持服务体系的构建

第一节　教育主管部门层面

一、切实加强乡村中小学音乐教育的领导和管理

(一) 加强教师管理，提高职业认识程度

教育行政部门可针对专职和兼职的问题采取"一刀切"。较为贫困的区域，兼职音乐教师多，应初步规划清退兼职教师，引进专业教师，保证乡村音乐教师素质落到实处。各级教育部门要以全面推进素质教育为目标，深化课程教学改革为核心，加强教师队伍建设为突破口，普及和发展乡村学校音乐教育，加大对乡村音乐教育的投入。

(二) 强化素质指导、广泛培训乡村音乐教师

在部分乡村学校，兼职音乐教师不能完成新音乐课程标准的任务，而乡村音乐教师兼职又多，且音乐教师学历也多为本科以下。要对现有的学历偏低专业素质不达标的教师进行素质的提高，上级领导要加强引进专业人才，要发挥各级主管部门对乡村学校音乐教育的指导作用和支持作用。分管艺术教育的各级部门一年至少召开一次工作会议，对当年的艺术教育工作进行回顾总结，并对下一年度的工作进行规划部署；县级教育主管部门要加强对乡村中小学音乐教师的专业培训，采取多种培训形式、多样化的培训专题，分批进行培训工作，充分发挥以培训促提高的作用，全面提升教师的教学水平，改进教育效果。

二、转变教育观念，全面实施素质教育

在乡村中小学，有部分音乐教师对自己的待遇和地位还不太满意。而对于主管教育的部门领导来说，需要转变教育观念，重视音乐教育等艺术课程，重点部署乡村中小学音乐教育工作，全面落实《义务教育艺术课程标准（2022年版）》，消除"主科"与"副科"的等级差别；对于学校管理部门来说，必须重视音乐教师的地位和作用，给予音乐课应有的关注，切实推进乡村音乐教育工作，让学生们能真正接受音乐教育，身心得到综合发展。思想是行动的先导，目前音乐教育存在的问题不是一朝一夕就能够解决的，首先要做的就是解放思想，抛弃传统守旧的教育观，要将新的、更符合当前教育需要的音乐教育理念引入教育活动中。

三、加大教育投资，提高现代化教育水平

部分乡村中小学音乐教育投资状况呈现出以下特点：整体投资水平低；投资方式单一，绝大部分是工资投入；办公经费严重不足。经费不足是我国部分乡村学校普遍存在的问题，受经费限制，这些学校的教育设施陈旧，只有个别才配备了一些现代化的教学设备。可以说，资金问题是制约乡村中小学教育发展的最大障碍，因此，教育部门应该申请加大对乡村音乐教育的财政投入，为改善乡村中小学音乐教育的教育环境、增加教育资源提供足够的经费支持。

四、建立稳定的供给渠道

必须加强乡村教师队伍建设，多渠道引进专业人才，可以从以下途径引入：第一，通过教育部门与师范类学校合作的方式，直接聘用音乐专业的大中专毕业生；第二，在社会上发布招聘公告，公开招考音乐教师；第三，从城区学校选派教师前往乡村中小学支教，同时给予这些教师一定补贴；第四，建立专门的教育人才服务中心，由政府指定的正规单位进行统一管理，根据政府指导和学校需求，向乡村中小学推介合适的教师。

第六章　乡村音乐教师成长发展支持服务体系的构建

五、建立向乡村流动的音乐教师调节制度

国外在保证城乡教育公平、资源平均方面采取了城乡教师"轮岗制"，效果良好，对我们有一定借鉴意义。为了吸引更多的音乐教师到乡村中小学任教，可以建立城镇教师轮流前往乡村支教的制度，将城镇教师在乡村中小学的支教经历视为评职称的必要条件，以乡村与城区教师建立"轮岗制度"保证乡村中小学音乐教育的高水平。

六、加强乡村音乐教师教育

为了提高音乐教师的专业知识和实际教学能力，教育部门应该牵头实施"乡村音乐教师素质提高工程"，利用寒暑假聘请外来教师进行音乐知识讲座，或者在市区进修学校专门举办兼职音乐教师培训班，根据当前音乐教育的需求为教师补充新知识、新技术，具体培训内容以音乐理论知识、运用多媒体手段进行音乐教学、教学能力为主，做好音乐教师培训工作，鼓励教师个人进行继续教育和函授教育。在乡村中小学音乐教师中，将学历及专业能力较低的音乐教师进行每一学期的继续教育和函授教育，鼓励他们在工作上形成良性的竞争，力争上游，提高音乐教育素养能力。

第二节　学校层面

一、创设良好的工作氛围，发挥音乐教师的工作积极性

学校领导必须认识到乡村音乐教师的工作任务非常繁重、责任重大；学校应该对音乐教师进行人文关怀，帮他们解决工作、生活中的问题，让他们能够在和谐轻松的氛围下工作，以便能让老教师更有归属感，新教师更有期待感。这些做法不仅有助于提高音乐教师的工作积极性，还能提升教学效果。音乐教师也应该对自我有一个准确的定位，调整心态，积极适应环境，全身心投入音乐教学，通过个人努力来改善乡村艺术教育状况。

二、改善乡村中小学音乐教育的教学条件

(一) 加强对乡村中小学音乐教育活动场地、设施的建设

良好的教学活动的开展必须依赖充足的教育资源，进行音乐教育必须具备充足的活动场地和健全的设施设备。在乡村学校，大部分教师不会使用多媒体，部分乡村学校音乐教师反映没有多媒体教学设备。教育主管部门应该对当前各个学校的音乐场地、设施等情况有一个全面的了解，并根据具体情况进行规划，为硬件不足的学校补充设备、开发场地。学校自身也应该为音乐教学提供专用的教室，现有教育资源向音乐教育倾斜。

(二) 积极开发和利用社会资源

乡村学校在充分利用现有的场地、设施等资源时，如果仍有不足，可以结合当前的教学状况和学生的需求，向社会寻求支持，开发利用各种可用于音乐教学的社会资源。比如在乡村有很多民间艺人，可以利用他们自身的优秀资源，将民间音乐带入课堂，形成学校自身的"校本课程"。

三、借助信息化手段提升音乐教师教学能力

随着信息化不断进入人们的生活，人们发现知识和了解知识的途径也更多样化，互联网信息化在学习和生活中发挥着关键作用。在这样的背景下，教育也有了更进一步的发展，信息化手段与传统教育的融合推动着教育的变化，当然教育现代化也离不开乡村教育现代化，对于乡村因地域差异、教育环境、经济条件等问题造成的城乡教育不平等现象，互联网信息化便成了解决这一问题的关键推手。

在美国教师专业发展中，他们运用微认证的模式促进教师专业发展，教师可以利用互联网自行选择适合于自身专业发展的课程或案例进行学习，更加注重学习过程的所得而不是只关注学习结果，这样的学习方式不仅提高了教师专业发展效率，也促进了教师自主学习的动力。乡村音乐教师可利用互联网信息化对优质资源、优质课程进行学习，以此来提高自身的教学水平，不再是局限于传统的教唱课。在信息获取的方式和途径越来越便捷的

背景下，如果教师仍然采取原有的教学模式，采用已经过时的教学流程，势必导致师生沟通受限，学生的学习兴趣受挫，进而导致学习的积极性、主动性、学习效率降低，因此，更新乡村音乐教师的教学能力是提升乡村音乐教育的有效途径。

随着信息化教学的不断探索和改进，线上教学成了一种新的学习模式，为了使线上线下相统一，借助信息化提高教学质量，部分乡村学校探索了一条"互联网＋教育"模式，同时也在积极探索智慧校园的建设和实施，利用信息化技术，改变学校管理理念和教师教学方式。以此为平台进行集中磨课、公开展示、集体教研等，形成"前测导学、以学定教"的精准化教学模式，实现从"村校"到"名校"的转变，让乡村娃也享受到城市里优质教育。利用乡村网络联校条件也可以在乡村适当开展智慧教学模式，相比原有课堂教学，学生不会受到环境的限制，使学生的课堂学习得到进一步的转移和延伸，不管是教师还是学生也可以选择与自身水平相匹配的课程进行学习，使学习更加多样化，也提高了学习效率。

四、提高乡村地区音乐课程重要性

新课标中指出音乐课是实施美育的重要途径之一、是人文学科的重要组成部分、是素质教育的一个重要领域。将音乐纳入中考范围，体现出国家对音乐教育的重视。

部分乡村学校，由于受应试教育思维的影响，学校、教师、学生对音乐教育意识不强，认为音乐课只是一门副科，并不需要多花时间去应对，甚至不上都可以，这样的思想意识限制了音乐课程的有效开展。为了改善目前音乐教育的现状，学校及教师有必要增强对音乐学科的重视。

从学校层面来看，应做到以下几点。

（1）应加强校领导对音乐课程的重视。不能为了应对教育部门的检查，只是从形式上展示本学校的教育体系和教育方针，而在实际教学中又是另外一种状态，对于这种"做样子"的现象必须从根源上进行解决，要杜绝这种行为的存在，必须从领导团队层面下手，才能从各方面得到改善和提高。

（2）改变教师对音乐课程的态度。音乐教师要争取上每一节音乐课的权利，乡村学校中兼职音乐教师占大多数，他们除了音乐课外还教授其他科

目,导致很多课堂会出现将音乐课上成语文课、数学课等,而且很多教语数外的教师会认为多上一节课学生的成绩就会有所提高,但实则不然,这样的行为更加引起学生的反感。因此作为音乐教师在转变自己观念的同时也要引领其他教师以正确的心态看待音乐学科。

五、对专职教师进行教学业务培养

部分乡村专职音乐教师数量要多于我们之前的预想,在音乐专业方面相比更偏远的地区要强很多,这些教师大部分毕业于师范学校音乐专业班,他们有效缓解了乡村音乐教师不足的问题。但是,这些教师的数量与乡村音乐教育的需求相比,以及与教师交流研学的需求相比,仍然不足。再加上部分地区经济条件落后、只重视文化课程不重视音乐教学等问题,该地区基本不开展教研活动,教师教学水平差别也很大。县级教研部门应该发挥自己的引导和组织功能,通过组织教研活动、开展业务培训为这些教师提供发展的平台。

六、多形式建立、稳定乡村音乐教育师资队伍

针对音乐教师数量不足、队伍不够壮大的问题,乡村教育主管部门还可以通过出台相关政策引导具有音乐特长的教师开展音乐教学,并鼓励他们坚持不懈。除此之外,还可以对这些教师在业务考核、职称评定等方面给予一定的加分政策。除了充分利用本地教师外,还可以通过建立健全的行政区域内学校对口支援制度,引导城市中音乐教育实力强的学校与乡村共同办学,通过"走教""支教""以老带新"等手段优化乡村音乐教育教学资源,提升乡村音乐教育水平和乡村音乐教师素质,解决部分乡村音乐教师专业素质不足等问题。

七、提高教师理论水平

教师的理论水平是音乐教学的基础,还应该采取多种方式提高教师理论水平。部分乡村中小学音乐教师不管从职业素养还是专业素养上,理论知识普遍不高,且专职的教师要比兼职教师强。为了解决这一问题,首先应该组织专职教师对音乐的教学方法进行研究,并鼓励教师发挥主动性开展课堂

创新。其次，可以让教学经验丰富的老教师、理论素养高的教研组长共同开展公开课、评课等活动，来帮助年轻教师。年轻教师应该认真学习，不断总结和反思，及时撰写教案、教学反思等。在解决专职教师能力的同时要对于兼职音乐教师采取"一刀切"，通过这样的渠道来促进教师队伍整体质量的提高。

第三节 音乐教师层面

一、师范类高校应积极培养乡村音乐"全科教师"

"全科教师"指的是知识面广和多"能"（能写、能画、能唱、能文）、师德高尚的教师。"全科教师"不仅能胜任自身专业课程的教学任务，还熟练掌握其他专业课程的技术、技能，从而为学生提供完整的教学知识体系，促进学生获得全面的发展。针对当下乡村教师数量不足这一现状，乡村音乐"全科教师"成为乡村教育事业发展的重要方向。

乡村音乐"全科教师"培养的路径如下。

（1）给学生树立"全科教师"和以职业为本的职业理念。在"全科教师"背景下，师范类高校要将音乐教育专业学生培养成有理想、有情感、有职业道德和职业技能全面的音乐"全科教师"。首先，师范类高校需要给学生讲解"全科教师"的概念内涵，使学生明确成为一名音乐"全科教师"的意义。明确的概念和方向不仅能促进学生各方面能力的良好发展，还有助于落实"全国卓越中小学教师培养计划"。其次，师范类高校需引导学生认识我国乡村地区音乐师资匮乏的现状，帮助学生树立"全科教师"和以职业为本的职业理念。这样不仅能激发学生参与多学科知识与技能的学习，还能为学生确立正确的职业方向打下良好的基础。

（2）合理设置教学课程，培养和提升学生的综合素质。为使学生满足乡村音乐"全科教师"的要求，师范类高校还需合理设置教学课程。师范类高校在教学课程的设置过程中，可从音乐专业素质、教学能力素质、综合人文素质三方面设计课程。师范类高校可将教学课程设置为多个模块，如通识教育、学科专业、教师教育、实践教学及拓展、师范生技能训练计划、师范生

实践与合作培养计划等。师范类高校针对音乐教育专业学生可开设一些具有普遍适用性的基础课程，而针对非音乐教育专业师范生可开设音乐欣赏、合唱基础、基本乐理等音乐类基础课程。这些基础性课程不仅能提高学生的文化科学知识，还能提升其思想道德素质。面对新形势和新要求，师范类高校要努力破解当前乡村艺术教育存在的突出问题，促进乡村学校艺术教育规范、科学地发展。

（3）将理论知识教学与实践教学进行有机融合。一名优秀的乡村音乐"全科教师"不仅需具备扎实的音乐及其他学科的理论知识，还需具备良好的实践能力，如此才能将所学知识应用于教学实践。在人才培养过程中，师范类高校需将理论知识教学与实践教学进行有机融合。

在理论教学过程中，教师不能按部就班、机械性地给学生复述教材相关的理论知识，而应借助多媒体技术将理论知识直观地展现给学生，以此激发学生学习的兴趣。师范类高校还应培养学生的跨学科教学能力。在实践教学过程中，教师可积极为学生创设多维度实践平台，如聘请"全科型"教育专家、优秀教师到校给学生进行培训，指导和辅助学生的教学实践活动，组织学生模拟教学实践。教师应引导和鼓励师范专业学生参加各种文艺晚会，引导其自主编创音乐、舞蹈等。

教师还应给高年级学生提供进入乡村学校教学见习、实习的机会，并要求其在见习、实习的过程中跟随乡村音乐教师参与音乐教学活动的计划订订、实施和评价。师范类高校和教师给学生提供多维度的实践机会，有利于强化学生专业和全科技能的发展，培养学生对乡村音乐教学的职业认知，为学生将来成为一名合格的"全科教师"打下坚实的基础。

（4）创新人才培养模式，提升学生艺术综合能力。在当下以综合素质为目标的大教育方针背景下，我国依旧有部分乡村学校未开设艺术类课程。在"全科教师"背景下，音乐教师不能只了解音乐知识，还需掌握其他学科的知识和技能，成为拥有丰富知识和技能的"全科教师"，才能满足当前教育的要求。为适应当前社会对音乐教师的要求，教师在音乐教育专业教学的过程中，应创新人才培养模式，提升学生的艺术综合能力。师范类高校教师可根据乡村教学发展需求，调整教学计划和改进教学培养方案，如在音乐教育专业课程的基础上增设"乐理与视唱""音乐素养与欣赏""中小学音乐教

学法""舞蹈创编""教师书写技能""综合实践活动设计""普通话与教师语言技能"等课程。这样不仅能有效提升学生的音乐素养能力，还能提高学生掌握其他学科的综合能力，促使学生从单一的人才转变为知识博、能力强、技能多、适应广的复合型人才，进而使其满足"全科教师"背景下乡村音乐教师要求。如此，师范类高校才能培养出具有一定艺术水平、人文科学和自然科学知识，能适应中小学综合性教学要求的教师。

（5）坚持教学与职业需求和社会需求相结合。"全科教师"背景下，乡村音乐教师培养的关键在于强化师范类高校音乐教育专业学生的职业能力。为增强音乐教育专业学生的职业能力，师范类高校需遵循"知行统一"的理念，坚持专业教学和职业需求、社会需求相结合，积极探索"教、学、做"一体化的教学模式。从"全科教师"背景下乡村音乐教师的职业需求来看，音乐教育专业学生需要具备扎实的基础理论知识和教学基本功，还需具备合理的文化知识结构和创新能力。为培养学生具备胜任乡村音乐"全科教师"的能力，师范类高校需根据乡村音乐教学职业需求与社会需求确立培养目标，培养面向乡村、面向基层的会唱、会跳、会弹、会看、会编、会说、会教的全科型、实用性人才。

当前，我国乡村音乐教师数量严重不足，这对乡村音乐教育和素质教育发展带来一系列的不良影响，同时也会阻碍我国教育的均衡发展。师范类高校应承担起为乡村音乐教育事业培养后继人才的重担，重点培养"全科教师"，这样不仅能满足音乐教育专业教师胜任多学科教育教学的需要，还能有效解决乡村音乐教师师资匮乏的问题。然而，从我国当前的师范类高校音乐教育专业教学现状来看，部分师范类高校还没有根据"全科教师"内涵要求积极探索"全科教师"培养的路径。这就导致乡村音乐"全科教师"培养存在较多问题，如未给学生树立"全科教师"职业理念，学生对"全科型"人才培养存在一定的惰学、厌学情绪，以及学生的综合素质不高等问题。对此，各师范类高校需要积极探究"全科教师"背景下乡村音乐教师的培养路径，给学生树立"全科教师"和以职业为本的职业理念，设置合理的教学课程，培养和提升学生的综合素质，将理论知识与实践教学有机融合，创新人才培养模式，提升学生的艺术综合能力，从而培养出具有坚定的政治立场、较高的思想道德素质、扎实的人文与科学素养、较强的教育教学与反思能力

的高素质应用型人才。

二、乡村音乐教师应进行自我提升

(一) 乡村音乐教师核心素养的自我完善

乡村音乐教师的核心素养不能脱离音乐教师核心素养，是对音乐教师核心素养概念基础上的进一步补充，除了应具备音乐教师基本核心素养以外，由于乡村地区的地理位置以及多方面的原因，乡村音乐教师是整个乡村音乐教育中较为薄弱的环节，但是不同乡村所具有的特色及少数民族地区乡村具有的特色是乡村音乐教师较为有利的一面。少数民族地区的乡村学校由于所处地域的优势，乡村音乐教师会比城乡学校教师得到更多有价值的资料，可以更快、更准确地接触并传承民间音乐文化。丰富乡村音乐活动、有效传承民族音乐文化也是乡村音乐教师核心素养之一。乡村音乐教师应充分利用和开发本地区、本民族的文化艺术教育资源，乡村学校也要利用当地的文化艺术资源，发挥学校文化环境对村镇文化建设的辐射作用。

提高乡村音乐教师核心素养需要教师不断学习充实自己，核心素养是一种综合素质的集中体现，需要从专业知识、专业技能以及更多了解其他学科知识等方面的提高才能更好地发展核心素养。信息化的时代，乡村音乐教师只有从各方面不断加强自我能力才能体现自身的价值。乡村音乐教师的核心素养发展也是具有阶段性，并非一成不变的，乡村音乐教师要根据发展的阶段与要求去不断学习，提高自己。同时师德作为教师的重要组成部分，每位教师都要遵守道德规范，对日常的教学工作要积极对待，对每一名学生都给予同样的关怀，做到一视同仁。师德的缺失将会导致其他方面的发展受到影响。

随着时代科技的不断发展，提高教师核心素养的策略愈发全面，本节只是从浅显的几个方面对乡村音乐教师核心素养的提升提出策略。提升乡村教师核心素养是一项长久的工作，需要我们不断研究，时刻关注教师发展的新方向、新特点，全方面对提升乡村音乐教师核心素养给予帮助和建议，才能为我国教育事业的发展提供坚实的保障。

（二）乡村音乐教师专业能力的自我提升

对于乡村中小学音乐教师来说，应深刻意识到，自身的综合能力直接决定着教学质量，影响着学生们的全面发展。当前，我国许多乡村中小学音乐教师的专业素养、职业能力并不能满足实际的教学需求。许多教师仍旧采用传统的教学方式，存在落后的教育观念，只是一味地注重知识的灌输，忽视了学生的主体地位，与现代教育背道而驰。面对这样的情况，教师应主动跟上社会发展形势，主动进行继续学习，提高自身综合素养及能力。音乐教师首先要积极向领导申请到有关城市进行学习深造，或是学校邀请相关的专家教授，对教师的教学工作进行全面的指导。其次，教师要多学习国外其他知名音乐教师的教学案例，了解他们的教育观念及方式，并要主动了解其他领域的知识，拓展知识体系，最终形成一专多能的理想化状态，彰显音乐教师的独特魅力。与此同时，音乐教师不仅要具备一定的专业能力，还要有着强烈的专业精神，也就是所谓的爱岗敬业意识。

目前，在部分乡村中小学中，许多音乐教师对于自身职业没有较强的认同感，也并未从工作中感受到幸福感，缺少敬业精神。这主要是因为音乐课程长期不受重视，久而久之，音乐教师们不再怀有高涨的工作热情及饱满的状态，因而对于工作也开始应付。想要改变这样的现状，首先学校应适当提高教师的薪酬，满足教师的物质需求。在职位晋升方面也多为音乐教师考虑，重视其政治地位，多为教师们创造参与培训的机会。其次，是内部方面的因素，这也是事物发展的根本动因。音乐教师要依靠自身的努力来加强专业精神，可以多参与相关的课堂探讨，与同事分享工作经验，主动学习更多的专业知识，开展更多的教研项目。要严格要求自己，彻底改正以往工作中的不良作风，端正工作态度，调整工作状态，充分发挥教师的榜样示范作用，用阳光、正直的形象去面对学生，用自身阳光的活力感染学生、带动学生，从而提高课堂教学的实效性及质量。

（三）教师自身深入学习

音乐教师在学生时期已习得音乐本体专业知识。但在现实中由于工作繁忙，自我学习率较低等原因，很多教师平均每天看书的时间不到半个小时，

长期学习时间短和阅读量过小，直接导致音乐教师的音乐本体理论素养退化和遗忘，造成音乐本体理论知识素养偏低。音乐教师提升自身音乐知识理论和人文素养的途径主要来自在校期间的刻苦学习与入职后的理论培训，并在教育教学过程中融会贯通。教师们应该不断总结和发现自身专业发展过程中出现的问题，通过反思、记录关键、实践、与同行交流和积极学习来不断使自身的音乐专业理论素养水平得以进步。教师要时时刻刻关注自身的理论知识积累过程，不仅要反思专业发展的相关行为，也应该积极参加继续教育和函授教育，通过多种方式提高自身音乐专业素养。音乐教师可以根据自身的实际情况，制订科学和合理的专业学习计划，有所侧重地开展理论课学习，除了巩固学习音乐本体知识以外，更应该学习姊妹学科、人文学科和自然学科等知识，从而提高自身的理论知识素养。例如：深入理解音乐姊妹艺术相关知识和交叉学科知识，只有这样，我们才能对课堂教学有一个全面的了解，使传统音乐课堂变得丰富多彩，吸引学生，激发学生的音乐学习动力。在大数据背景下，音乐教师还可以充分利用网络资源进行自学。再者，教师可以在教学情境中对音乐本体知识与人文知识的教学内容进行关联性教学，紧密贴合生活实际，为学生创建优美的音乐倾听环节，让学生身临其境地了解音乐文化。例如，学习《黄河船夫曲》，教师通过让学习者模仿纤夫拉船，让学生高度参加进来，感受一领众和的意境，在此基础上，再对劳动号子背后的人文知识和地理知识以及黄河两岸风土人情进行嵌入式教学，让学生自由地联想，感受船工的艰辛生活以及黄河曲折而又复杂的地形，将地理融入音乐教学中，帮助其更深刻地理解音乐背后的人文背景，从而有效掌握我国北方民歌中号子的音乐风格，进而提升学生对音乐以及相关文化的兴趣，丰富学生的想象能力，潜移默化地提升学生的创作能力。

第四节 培训主体层面

对于广大音乐教师来说，培训要想落到实处，培训主体是非常关键的一个因素，培训主体可能是学校，可能是教育主管部门，也可能是其他的培训机构。对于各个培训主体，对音乐教师的培训要做到下述几点。

一、培训课程的设置要具有灵活性和选择性

(一) 学位课程培训

虽然对很多音乐教师来说,学位课程的培训已经不再是重点,但是由于面对的是乡村中小学音乐教师,在他们当中势必还存在着一些尚未达到国家规定学位要求的群体,如果学位不达标,这对他们今后的职称评定、薪酬待遇等都会带来一定的影响,因此进行此类的课程培训,也可以解决部分乡村中小学音乐教师的后顾之忧。

(二) 单科课程培训

此类的课程培训,通常包括两大部分:其一,音乐学科的专门知识课程;其二,中小学音乐教育教学方法课程和比较前沿的一些音乐学科的发展及知识等。进行培训最为主要的一个目的就是让音乐教师能够掌握一些比较先进的教育科学理论以及教学方法。这种形式比较符合目前我国乡村中小学音乐教师教学的实际需求。

(三) 教育技术的课程培训

此类课程的培训主要是作为音乐教师应该掌握的教育技能技巧的一类培训,其培训的主要目的就是帮助教师在职前教育的基础之上,促使其获取到更新的或者是更高的技能以及技巧,以便使音乐教师能够更好地为中小学音乐教育教学工作而服务,不断提高个人的教育教学水平。这一类课程主要应该包括诸如声乐演唱、器乐演奏、多媒体课件等。

(四) 应用性教育课程

此类培训是对中小学音乐教师实际应用能力的一种培养,例如课堂教学能力、对课外音乐活动的组织能力培训等,这类培训可以帮助广大受训教师解决自己在现实生活中所遇到的各种实际性问题,也就是说,同音乐教师的具体实践工作密切相关,特别关注理论与实践的结合。例如如何具有针对性地组织好学校的合唱排练、如何能够让学校小乐队的培训更加顺畅等。针

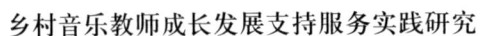

对此类课程，可以采取专题讲座等形式。毋庸置疑，可以看到，此类培训课程的可操作性以及实用性都比较强，也是目前广大乡村中小学教师迫切需求的。

二、培训课程的设置要具有时效性和实用性

要想突出乡村中小学音乐教师培训的时效性，就要在思想上重视案例教学的研究。首先对于案例研究的积累，在案例研究的过程中，以音乐课的教学录像以及教师的反思性教学报告作为资料，多角度、多侧面进行综合性分析，继而能够进行准确的教学诊断以及评价。其次，要开发案例分析教材。要与大学的教育研究者进行合作，将积累的相关音乐教学案例以及个案汇编成教材，在培训的时候为广大音乐教师提供更为丰富的问题案例，这样一来，作为一线教师就能够对照自己在教学中所出现的问题进行讨论、分析，来解决这些问题，具有比较强的针对性和实效性。

三、建立分层的乡村音乐教师培训机制

乡村音乐教师培训主要培训对象为乡村一线专、兼职音乐教师，培训的总目标是帮助乡村音乐教师提高其职业道德素养，完善其音乐专业知识结构和专业技能，提升其音乐课堂教学能力。乡村音乐教育基础比较薄弱，音乐教学培训客体具有多元性。从音乐基本专业知识角度看，专业水平参差不齐，专业素质存在着一定的差异。区域教师之间存在发展的不平衡。学员来源地域广阔，包括市县、乡镇、村小，由于各地对基础音乐教育重视程度不同，学员的专业教学能力水平也存在差异，部分教师还兼任其他学科教学或行政岗位的工作。教学客体之间存在着接受能力和学习态度的差异。教育心理学研究表明，人与人之间是有差异的，包括先天遗传因素、后天发展环境和条件，每一个人的发展方向、发展速度以及最终能达到的发展水平都是不同的。由于学员的多元性差异性，使音乐知识结构、音乐技术能力、音乐教学能力发展不均衡。

在遵循教师发展规律的前提下，如何在短期培训中提高培训效率、达到培训目标成为提高乡村音乐教师培训能力发展的核心问题。教师"分层教学"培训是基于某类具有明确目的的培训项目，为在该领域的相关知识和能

力处于不同发展层次的教师提供不同的培训课程方案并实施培训的过程。乡村音乐教师培训应根据学员在音乐专业基础知识储备、专业技术能力、专业教学能力上的差异，将参训学员分成不同的层次，培训专家在组织培训时认真对待差异、真切利用差异、区别发展彼此差异的学员，确定不同的教学任务和培训目标。合理地进行分层培训，从而提升参训学员在学习音乐过程中的积极性和高效性，逐渐增强学员的学习能力，达到培训目标。

（一）培训教学目标分层设定

根据学员分层设定培训教学目标、制订培训计划。教学目标是整个音乐教学培训全过程中的核心部分，是教学培训活动开展的指导方向。

（1）分层编组。学员编组是实施分层培训教学的基础，为了加强培训的针对性，在调查分析的基础上将学生分组，如1组是专业知识和技能欠缺的学员；2组是有专业知识技能基础，但专业教学知识欠缺的学员；3组是各方面较均衡，需要开阔音乐教学视野、提高教学能力的学员。

（2）分层备课。分层备课是实施分层培训教学的前提。这就要求授课专家提前了解学员情况与编组。授课专家要确定不同层次的教学目标，首先要把握住哪些是基本要求，是所有学员都需要掌握的，其次要确定哪些是较高要求，是略高于基本要求学员掌握的，在设计分层教学的过程中，要特别关注如何解决无专业教育背景兼职学员的困难，同时兼顾专业专职教师学员的教学拓展和职业发展。如在进行《音乐基础知识》节奏训练一课中，教学目标可以设定为：1组能了解音符节奏的构成，基础节奏型能做到准确击拍演唱，教学中常用节奏不出错；2组能够准确并有感情地演唱较复杂的节奏，并学会基础节奏在生活和音乐教学中如何运用；3组要把奥尔夫等教学理论的节奏训练运用到音乐教学中，教学中能使用杯子打节奏等丰富教学手段，同时能够引导学生进行节奏创编活动。这样的分层教学目标是科学、合理的，操作性也比较强，符合多元差异性的学员需求，使学员能够从自己的实际出发，进行有的放矢的训练，解决自己在教学中亟待解决的问题。

（二）培训教学实施分层开展

在培训实施过程中，基本以专业理念与师德、专业知识、专业能力三个

维度进行课程设置，强调参训教师对学科知识与能力的建构。根据音乐专业特色，在培训中突显培训课程的实践性，突出音乐学科特点，使培训更具有针对性。授课专家在培训教学过程中针对不同层次的学员，采取不同的教授方法，进行有效的帮助和指导，让所有参训学员都能学会，都有所获，保证分层培训目标的落实。如音乐技能类课程《声乐基础》，采取小班课甚至个别课的形式分层教学，任教专家根据学员嗓音条件、基本知识结构、音乐感受和接受能力上的差异，由浅入深，由易到难进行教学。教学实施手段因人而异，体现出"因材施教"的教学原则，这也成为音乐教学的突出特征。此外，针对掌握音乐相关基础知识水平的差异，对学员的个性化需求，借助摄像机、录像机，有效利用现代化的视听设备更有效地开展课程，使参训教师能进行技能训练并掌握技能。

除了横向的分班教学和小课模式，分层培训中还应积极探索纵向模式，即双导师制。由高校学科专家、一线教学名师"双结合"的导师制，其特点是针对学员个性的差异在提高专业教学理论的同时，进行专业教学能力突破，在教学实践中实现个性化教育的提升。导师可以根据学员的具体情况在保证基本培养目标不变的前提下做适当调整，提升培养效率。对于初级学员，一线教学导师主要着重于常见问题、课堂的规范化指导，包括教案如何写、教学范式流程、教学基本方法、常规课堂问题处理等方面的培训。对于中、高级学员则要在指导规范课堂教学的同时，注重进行教学设计、教学反思、教学的完整性和拓展性，同时提升学员对课堂多样性的把握和对课堂评价的能力。双导师对学员的指导不仅限于教学理论和教学技能，还要融入师德师风、教学理念、教学研究等。

（三）实现分层教学环境互动

创建师生教学环境互动。课堂上授课专家与学员积极互动，充分发挥授课专家的引导作用，最大限度地调动培训学员的积极性、主动性、创造性，通过专家引领，强调实践教学案例分析，重视教学中出现的问题研讨，在多元视角的研讨与观点的碰撞中提升学员发现问题、分析问题、解决问题的能力。

搭建学员教学互动平台。发挥学员同伴互动优势，组建学员个人工作

坊、小组工作坊,在课程研讨、学员互动类课程中实践学员同伴"陪、助、促"帮扶机制,形成小组研讨学习模式;开展分组备课、研课、磨课,进行备课指导,小组间同课异构等教学活动,有针对性地解决受训乡村专兼职教师存在的问题,使培训目标更细致化、更有实效性。同时推动不同地区教师之间的深度研讨交流,实现学员个性化学习需求与自我评价、自我提升的要求。

构建真实教学环境,强化多层教学环境互动。在采用传统集中培训现场教学的基础上,培训课程注重走进真实课堂,构建真实教学环境。结合优质的教师培训实践基地学习观摩,组建导师带教团队,参与体验式教学活动,开展实践教学全过程。现场诊断、听课评课、名师示范课、同课异构,结合专家诊断及点评,使教学理论与教学实践活动相辅相成,从而实现混合式培训模式,把单一的集体面授学习方式转变为混合研修方式,强化多层教学环境互动,深化乡村教师教学反思,有效促进乡村音乐教师的教育教学技能提升。

(四)创新分层培训评价体系

培训建立"三位一体"的分层考核指标要求,多方位进行考核。学员分层考核涉及培训课中和课外两个方面;课中主要包括学习纪律、学习任务、跟岗研修等环节;课外主要包括返岗实践、课后研讨、自主研修等环节,从学业考勤、任务清单、质量达标多个环节进行考核。由于培训的教学目标等不同,在进行考核评价时,采取综合性的评价考核方式,考核多样化,充分结合多种评价方式,将自评与他评、集中培训与训后研修情况纳入考核评价。分层考核预期目标要紧紧围绕培训目标来设定,对标具体任务和实施细节,强调过程性检测和生成性成果。学员在培训导师和基地导师指导下,通过集中培训、跟岗研修、训后研修的学习,能分析问题并进行反思,在专业技能和教学能力上有提升。

(五)完善分层培训后指导

教师的专业发展是一个连续的、动态的、可持续的过程,加强教师培

训后续跟踪指导服务是使集中培训成果长效化的有力保障。[①] 分层培训不仅在同步培训中实施，通过网络研修平台、资源库跟踪指导，实现异步分层训后提高。培训方要充分利用好已建立的网络资源信息平台，方便受训教师按进度开展自学。此外，学员还可以通过微信群和腾讯、钉钉等课堂软件与专家、同学及时沟通，解决日常教学中的问题。

分层教学运用于乡村音乐教师培训，有助于从根本上提升培训效率。分层分类培训成为乡村教师专业化教学与能力提升的必然趋势。如何充分考虑各区域、各类、各层次、各能力水平教师专业成长上的差异与需求，有效实施分层分类培训，成为影响教师培训质量提升的关键问题。[②] 如何更好地为乡村教师服务，使培训课程更贴合乡村实际需求，做到培训效益最大化，还需要进一步深入研究探索。

四、有效开展乡村音乐教师培训

开展教师培训是为了让教师能够时刻与国家教育发展目标保持一致，使教师的教育观念与学科知识跟上时代进步的步伐，教育部为了使教育事业发展得更好也出台了相关政策。其"中国培计划"能从多角度、多渠道使中小学教师专业发展水平得到提高，是目前教师培训项目中最有代表性的培训计划，也是为乡村音乐教师专业发展提供最多的一种培训方式。但是"国培计划"虽然对提升教师专业素养有着不可否认的积极作用，却也有着无法回避的问题存在，即教师在此计划中的受利性较低。当前的培训机制相对于乡村音乐教师而言，不仅弹性低，适应性也相对较差，同时此计划并未考虑到艺术学科的独特性。因此为了使乡村音乐教师专业发展得到更好的提升，我们需要将教师培训更实质化。

（一）树立正确的培训理念

1. 基于学校发展

整个培训首先要基于学校的发展，因为乡村学校或者边远山村的学校

---

① 韩冬梅.中小学教师分层分类培训的问题与对策[D].长春：长春教育学，2018.
② 姜春美.基于诊断测评的乡村教师分层培训模式的构建与实践[D].北京：中国成人教育，2018.

在教学资源、设备、教育理念上都存在很大差距，因此培训就要以学校校情为基础，采取适合本学校实际发展的方式逐步由浅入深地推进。

2. 教师自主发展为基础

校本培训的本质是要激发教师自身的学习能力，要在掌握乡村音乐教师基本情况的基础上进行针对性的培训，不要好高骛远。不了解实情就对乡村音乐教师进行高层次课题、理论的培训，会使乡村音乐教师产生抵触的心理。应立足课堂、实际教学，根据不同层次的音乐教师进行音乐基本知识、技能方面的培训。培训基本的音乐技能，如简单实用的钢琴基础伴奏、竖笛或葫芦丝等小乐器的演奏，这些技能的具备至少能让音乐课先处于一个活跃的状态，在此基础上再增加其他方面的知识，逐步转变乡村音乐教师观念，引领乡村音乐教师掌握自觉自愿的学习能力，提高教学技能。

(二) 运用多种方法实施培训

1. 集体研讨

乡村学校实行校本培训可采用集体备课的形式，在集体备课中大家可将各自的观点积极表达出来，每位教师都列出自己在备课中遇到的问题和困惑，在集体交流中产生碰撞并整理出不同的方案，可供每位音乐教师结合自己及本班学生的实际情况进行选择，在此基础上再次进行修改整理，这就更能满足学生需求，也提高了教师的课堂掌握和应变能力。

2. 案例学习

音乐教师可根据自身不同的阶段选择不同的案例进行学习，培训方将不同的案例拿出来供教师进行直观的感受、学习、研究、探讨，并辅之以专家分析，提炼出有价值的知识和经验，帮助教师更深入地吸收案例中教育理念和教学技能的精华，这种不同层次具体案例的形式不仅可以使教师边研边讨边学，调动教师的积极性，也能使专家深入真实的乡村音乐教育课堂中来，真切地了解乡村音乐教师所需，也能更好、更合理、更有针对性地发挥引领作用，使乡村音乐教师的培训真正有用有效。

(三) 培训运行机制的策略

1. 保障机制

针对乡村音乐教师要从多方面给予保障才能使培训更好地进行，首先从时间和物质上应给予一定的支持，目前乡村中小学许多音乐教师都是身兼多职，教学任务重，根本没有时间去参加培训，学校要对此情况进行有效的调节和规划，要确保每位教师都有时间去学习。物质上给予一定的保障也能对提高乡村教师专业发展起到积极性作用，在《中小学教师继续教育规定》《中国全民教育国家报告》《义务教育法》等文件中也特别提到要加强对乡村教育的关注，对乡村教师团队要有更高的要求，并在教育经费支持中更多地侧重于乡村地区，教师的工资、福利等要给予保障等。目前国家层面对乡村教师给予了很大的支持，因此当地政府需要将国家政策落到实处，真正让每一位乡村教师得到该有的物质保障。

2. 管理机制

首先，为了保障教师能及时参加培训或使培训更有效，就需要将学校、教师的培训计划和培训需求处理好，根据培训需求设定培训目标、再制定培训方案、最后选择培训方式。在培训实施阶段也要精选培训内容，及时进行反思，突出专业要求，使培训做到高效。

其次，很多音乐教师无法及时收到培训的通知，或者知道有培训而学校不让参加，因此学校对培训事宜要有系统的组织来负责具体的工作。要有一个严格有序的领导班子才能使学校、教师得到好的发展和提高，要加强领导对校本培训工作的过程管理和督导，促进校本培训的健康发展。

最后，要求每一位音乐教师都要从思想到行为上进行规范，积极参加培训任务。音乐教师参加培训后，学校应对其音乐基础知识、基本技能掌握进行验收，将教学水平和工作绩效、职称评比进行挂钩，一方面能够督促音乐教师积极认真学习，另一方面也发挥教师工作的积极性。

结束语

乡村音乐教师成长发展支持服务实践路径如下。

一、实施乡村音乐教师专业发展支持模式的顶层设计

要想实现乡村音乐教师专业发展，必须进行支持模式的顶层设计。第一，明确乡村音乐教师专业发展定位及方向是前提。对于乡村音乐教师专业发展而言，必须要强化知识与技能、师德与素养、实践与体验等多项能力的培育，这些品质是否具备从根本上决定了乡村音乐教师专业发展的前途和命运。必须要构建以这三大维度为统领的音乐教师专业发展目标，并以此为基础构建完善的教师专业发展支持计划，确保这一目标的顺利实现。第二，构建系统化的制度建设及服务体系、培训机制、资源互动平台，是乡村音乐教师专业发展取得实效的关键。在全面推进《乡村教师支持计划》的现实背景下，必须为乡村音乐教师专业发展提供全方位的助力和支持，因此应对这几方面逐一落实。第三，实现全方位的乡村音乐教师专业发展核心内容设计。这不仅要求回归教育原点，打造特色化的专业课程，还要求乡村音乐教师砥砺奋进，不断提升自身的多方面能力，立志成为"一专多能"的优秀人才。这不仅是乡村音乐教育的需要，也是自身专业发展的必然需求。

二、全面强化制度保障及服务支持体系构建

强化制度保障、构建服务支持体系是乡村音乐教师专业发展的重要保障。只有从制度和服务体系两个层面展开工作，才能够从根本上确保音乐教师专业发展的效果。

首先，全面强化乡村音乐教师专业发展的制度保障。第一，不断完善乡村音乐教师人事管理制度，着力解决工资绩效差距小、音乐教师发展动力不足、职称晋升指标限制等现实问题，从根本上激发乡村音乐教师的专业发

展动力,提升其教学热情。第二,构建完善的培训经费保障机制,为乡村音乐教师专业发展提供良好的条件。按照国家关于乡村教师培训经费的最低要求,切实保证5%的公用经费和教师工资总额的1.5%划拨到位,用于乡村音乐教师专业发展,这对于教师的音乐专业素养提升、专业能力成长具有重要的推动意义。第三,推进城乡音乐教师交流机制构建。积极组织城乡音乐教师之间展开流动教学,建立完备的教师轮岗制度,并将此列入教师职称晋升的重要条件。此外,还应该积极建立县(区)校本研修师范学校,通过发挥引领和辐射效应,让更多的乡村音乐教师受到良好环境文化的感召,从而获得自身的成长和发展。

其次,加快乡村音乐教师专业发展服务体系构建。第一,健全乡村音乐教师专业发展管理机制。教育行政部门和乡村学校应充分认识到音乐教师专业发展的重要性,整体协调、各部门密切合作,制订完善系统的音乐教师专业发展支持计划,安排优秀音乐教师参与各项学习及培训活动,从根本上提升乡村音乐教师的专业素质。第二,打造乡村音乐教师培训基地,通过资金引入、硬软件建设、师资力量培养及课程开设等为乡村音乐教师专业发展积蓄力量。同时,应对乡村音乐教师学习过程进行全方位的过程监督,重视音乐教师在此过程中的专业能力提升和音乐品质养成,从而为后续音乐教学质量提升奠定基础。第三,结合乡村音乐教师专业成长规律,展开有针对性的服务。重视对乡村音乐教师专业成长规律的研究,实时更新工作理念和方法,有效实行技术革新,不断缩短音乐教师的成长周期。要重视对音乐教师教育理论知识的传授,在掌握教育学原理和基本方法的基础上开展实训培养,这有利于提升乡村音乐教师专业发展水平。

三、构建多元化、系统化的乡村音乐教师培训体系

要想从根本上推进乡村音乐教师专业发展,就必须要构建多元化、系统化的培训体系,从而对乡村音乐教师进行全方位的培养。具体而言,可以从如下四种培训方式入手。第一,通过送教下乡的方式对乡村音乐教师进行培养。可以积极组织音乐方面的专家和学者送教下乡,结合乡村学校的实际情况及音乐课程开展状况来展开有的放矢的培训,从而不断克服乡村音乐教学中遇到的困难,实现音乐教师的专业成长和进步。第二,通过置换脱产研

修的方式推进乡村音乐教师专业发展。对于乡村音乐教师而言,通过置换脱产研修的方式,能够让乡村音乐教师接触多元化的教学场景,通过感知不同学校的音乐资源、音乐教学现实、学生音乐学习情况等,有针对性地反思自身音乐教学过程中存在的问题,这对于促进自身的专业能力成长具有重要的意义。第三,依托网络研修的方式推进乡村音乐教师专业发展。充分利用互联网优势,开设乡村音乐教师线上研修平台,利用丰富的音乐资源和便捷的网络沟通渠道,使乡村音乐教师实现专业知识的学习,同时还能够进行随时随地的线上学术交流,这个过程对于提升乡村音乐教师的综合素质具有重要意义。第四,构建校外、校内相结合的"双渠道"培训方式。校外培训应注重培训内容的系统性和深入性,立足于乡村音乐教师专业发展中存在的问题,有针对性地开展主题式培训,提升乡村音乐教师的理论素养和实践水平;校内培训应注重营造浓厚的校本研修氛围,促进音乐教师之间的互相学习和共同进步。总而言之,必须要构建多元化、系统化的乡村音乐教师培训体系,才能够促进乡村音乐教师的专业进步和全方位成长,这也是提升音乐教学质量的必然要求。

四、注重资源整合,为音乐教师打造专业发展平台

注重资源整合,为乡村音乐教师打造专业化的发展平台,对于提升音乐教师专业能力具有重要的促进作用。第一,构建优质的乡村音乐教师研修平台,打造完善的音乐学习资源库,不断丰富线上网站功能,为乡村音乐教师的音乐资源获取创造条件。为此,乡村学校应积极增加资金投入,引进相关的硬件和软件设备,确保音乐教师研修平台的建设与推进。第二,积极实现资源整合,打造乡村音乐资源库,特别是要对名师资源进行线上规划,通过菜单列表的方式为每一位名师设置线上端口,从而为其他乡村音乐教师资源获取及线上学习提供机会,有助于实现优质音乐教学资源的共享。同时,对于县(区)的音乐教学资源进行系统整合,让这些优质资源在线上推广,通过乡村音乐精品课程的方式加以呈现,作为乡村音乐教师学习和实践的范本,这对于促进音乐教师专业发展和成长具有重要意义。第三,构建完善的乡村音乐教师研修帮扶机制,通过线上手段实现一对一帮扶,可以实现教师之间的沟通交流和经验共享,与此同时,学校层面还应强化对帮扶过程的全

方位监督，以此来确保乡村音乐教师的专业成长和进步。总之，打造内容丰富的资源库、构建专业化的发展平台，是乡村音乐教师汲取成长动力、实现专业进步的关键，也是乡村音乐教师自我发展过程中必不可少的重要环节。

乡村发展基础在于教育，发展乡村教育关键在于基层教师。乡村音乐教师作为基层教师队伍的重要组成部分，在乡村基础教育中发挥着极其重要的作用。这支队伍的稳定和水平体现着乡村教师队伍的稳定和水平，影响着乡村基础教育德育和美育目标的实现。因此我们应重视乡村音乐教师队伍的建设，加强本土教师培养，加大价值观宣传的力度，落实好教师在职培训和进修。应进一步重视乡村教师的评职评级，建立城乡联动机制，发挥优秀教师的示范引领作用等，使乡村音乐教师的整体素质得到全面的提升，使乡村的音乐教育迈向新的台阶。

参考文献

[1] 张蓓.农村中小学青年音乐教师专业成长途径分析[J].教学管理与教育研究，2022，7(18)：117-118.

[2] 李增奇.农村中小学音乐教育现状及改进方法[J].家长，2022(23)：141-143.

[3] 潘超.乡村音乐教育的现实瓶颈与对策研究[J].江西电力职业技术学院学报，2022，35(05)：85-86.

[4] 李鹏飞，钦媛.教育信息化对农村音乐教师专业发展影响研究[J].豫章师范学院学报，2022，37(02)：101-104.

[5] 路颖.新农村建设背景下农村音乐教育创新研究[J].中国果树，2022(04)：116.

[6] 杨琪.海南农村非专业音乐教师教学现状及提升路径[J].中华民族博览，2022(04)：90-92.

[7] 周玮玮.农村小学生音乐素养培养现状及对策[J].亚太教育，2022(04)：59-61.

[8] 张震.农村音乐教育的发展策略研究[J].中国稻米，2022，28(01)：124.

[9] 黄舒琴.农村地区中小学音乐教师专业素养现状与发展对策[J].中国音乐教育，2021(11)：19-23.

[10] 陶玉宇.乡村音乐教师的角色定位及其核心素养的提升[J].阜阳职业技术学院学报，2021，32(03)：48-50.

[11] 胡倩.农村地区小学音乐教育的缺失与重塑[J].戏剧之家，2021(20)：168-169.

[12] 白艳，杨丹.精准扶贫视野下提升农村儿童音乐素养的策略研究[J].文化创新比较研究，2021，5(18)：85-88.

[13] 钦媛.乡村音乐教师教育课程范式构建策略[J].科学咨询(教育科研),2020(11):31.

[14] 肖辉.乡村音乐教师队伍建设的实践策略研究[J].湖南第一师范学院学报,2020,20(05):56-62.

[15] 倪美英.应充分发挥特岗教师在农村音乐教育中的作用[J].文化产业,2020(17):152-153.

[16] 田惠雄.农村小学音乐欣赏课存在的问题与解决对策[J].北方音乐,2020(06):127-128.

[17] 陶继红.试论农村音乐教育的现状及发展[J].黄河之声,2020(03):111.

[18] 王建芳.农村音乐教师核心素养概念界定[J].北方音乐,2020(03):120+128.

[19] 薛佳.农村小学音乐教育初探[J].北方音乐,2020(02):172+174.

[20] 王静霞.乡村音乐教育的现状与发展研究[J].黄河之声,2019(23):111-112.

[21] 陈怡.简析农村小学音乐欣赏课存在的问题及对策[J].北方音乐,2019,39(21):147+150.

[22] 王欢.承德市农村小学音乐教育存在的问题及对策分析[J].黄河之声,2019(19):111-112.

[23] 张红丽.农村小学音乐教育发展现状及提高策略[J].现代经济信息,2019(20):428.

[24] 陈璐璐,青小文,何丹梅,等.浅谈农村音乐课堂存在的问题和改进措施[J].戏剧之家,2019(32):179.

[25] 邵梦迪.关于农村小学音乐教师成长的研究[J].农家参谋,2019(18):2.

[26] 卢婷婷.农村基础音乐教育师资培养对策与思考[J].教育观察,2019,8(17):62-63+94.

[27] 王薇.试论农村小学音乐教学环境模式的构建[J].黄河之声,2019(06):113.

[28] 周怡.农村初中生音乐课学习兴趣的调查分析[J].北方音乐,2019,39(07):122-123.

[29] 周蓉.农村小学音乐识谱教学趣味性的提升策略探析[J].黄河之声，2019(05)：101.

[30] 梁千.浅谈农村小学艺术教育的现状及对策[J].戏剧之家，2019（13）：213.

[31] 周丹，刘君.湖南省农村音乐教师培养改革研究[J].戏剧之家，2019(12)：168.

[32] 周丹，陈丽芝."乡村教师支持计划"政策下，湖南省农村音乐教师的发展道路探索[J].戏剧之家，2019(12)：165.

[33] 侯新兰.湘北农村音乐教育的现实困境与发展策略[J].艺海，2019（02）：119-121.

[34] 刘伟.浅谈农村中小学音乐教师继续教育的现状[J].黄河之声，2018(22)：89.

[35] 王爱红，刘雪妮.乡村音乐支教引发的若干思考[J].现代农业研究，2018(12)：91-92.

[36] 许畅.农村小学音乐教育师资存在的问题及策略思考[J].北方音乐，2018，38(21)：153+155.

[37] 代苗.农村幼儿教师音乐培训的调查分析与对策思考——以甘肃省陇南市为例[J].成都师范学院学报，2018，34(09)：61-66.

[38] 闫骥爽.河南农村中小学音乐教育调查与对策[J].艺术评鉴，2018（16）：88-89.

[39] 刘伟.对农村中小学音乐教育现状的认识[J].黄河之声，2018(12)：108.

[40] 师小静.农村中小学奥尔夫音乐教学法的实施策略[J].当代音乐，2018(08)：54-55.

[41] 陈琳，李琼.音乐在农村留守儿童教育中的作用及策略研究[J].淮南师范学院学报，2018，20(04)：85-88.

[42] 王楠溟.乡村音乐教育的创新模式选择及效果分析[J].戏剧之家，2018(15)：162-164.

[43] 周晋.湖南农村学校音乐教育课后实践研究[J].黄河之声，2018（01）：118-119.

[44] 赵星月.关于农村中小学音乐教育状况的调查 [J].西部素质教育，2018，4(05)：55-56.

[45] 冷佩坤.关于加强农村小学音乐教师专业素质培养的思考 [J].黄河之声，2017(24)：25-26.

[46] 吴春薇.美育视角下的乡村中小学音乐教育 [J].社会科学战线，2015(12)：277-280.

[47] 余新雅.浅谈乡村音乐教师专业发展策略 [J].科学大众 (科学教育)，2015(10)：169.

[48] 彭琰.对乡村中小学音乐教育现状的分析与思考 [J].教学与管理，2008(03)：76-77.

[49] 白俊卿.乡村音乐教育关键在教师 [J].黄河之声，2006(08)：123.

[50] 祝成林，张宝臣.教师专业发展：基于课例研究的视角 [J].教育导刊，2010(01)：77-79.

[51] 王建虹.教师个体的专业性发展 [J].浙江教育科学，2005(05)：25-26.

[52] 高小强.乡村教师的文化困境与出路 [J].教育发展研究，2009(20)：53-55+72.

[53] 唐松林，丁璐.论乡村教师作为乡村知识分子身份的式微 [J].湖南师范大学教育科学学报，2013，12(01)：52-56.

[54] 武国涛.教师专业素养提升的必要性和重要性探讨 [J].新课程，2018(02)：46.

[55] 陈灵芝，夏淑.基于《小学教师专业标准》的小学教师核心素养的培育 [J].科普童话，2019(14)：3.

[56] 王静.论核心素养下小学音乐教师应具备的能力 [J].当代教研论丛，2019(09)：123.

[57] 张晓文，张旭.从颁布到落地：32 份《乡村教师支持计划》文本分析 [J].现代教育管理，2017(2)：69-78.

[58] 魏淑华.国外教师职业认同研究述评 [J].上海教育科研，2005(03)：16-18.

[59] 郁松华，陈洁，王姣艳.教师幸福感指数与职业认同、社会支持的

关系研究 [J]. 科教文汇，2009(11)：8.

[60] 宋广文，魏淑华. 影响教师职业认同的相关因素分析 [J]. 心理发展与教育，2006(01)：80-86.

[61] 陈京军，刘艳辉. 农村教师职业认同问卷的编制 [J]. 当代教育论坛，2011(09)：10-12.

[62] 于兰兰，吴志华. 农村教师职业认同现状调查及分析——以辽宁省为例 [J]. 教育导刊，2011(05)：31-34.

[63] 李琳. 职业认同——教师成长的必要前提 [J]. 河南教育（基教版），2008(Z1)：30.

[64] 韩冬梅. 中小学教师分层分类培训的问题与对策 [D]. 长春：长春教育学，2018.

[65] 姜春美. 基于诊断测评的乡村教师分层培训模式的构建与实践 [D]. 北京：中国成人教育，2018.

[66] 潘朝阳. 我只是想让孩子喜欢音乐 [D]. 南京：南京师范大学，2015.

[67] 张长剑.《乡村教师支持计划（2015—2020年）》的认同度研究 [D]. 重庆：西南大学，2017.

[68] 夸美纽斯. 大教育论 [M]. 北京：人民教育出版社，1957.

[69] 史密斯. 全球化与后现代教育学 [M]. 郭洋生，译. 北京：教科学出版社，2003.

[70] 刘承华，中国音乐的人文阐释 [M]. 上海：上海音乐出版社，2002.

[71] 教育部师范教育司. 教师专业化的理论与实践 [M]. 北京：人民教育出版社，200：44-77.

[72] 苏霍姆林斯基. 苏霍姆林斯基选集 [M]. 蔡汀，王义高，颜品，译. 北京：教育科学出版社，2001：118.

附录一

济南市农村中小学音乐教师培训的调研访谈提纲

访谈时间：2022年9月5日-10日

访谈地点：济南市教育局

访谈人：

被访谈人：济南市教育局体卫艺术处领导、音乐教师

访谈内容：

1. 请介绍一下济南市农村中小学的概况：

中小学的数量、师资情况、中小学教学环境、音乐教师培训经费投入、教学设备情况、音乐教学资料、授课情况等。

2. 请介绍一下音乐教师培训情况：

开展音乐教师培训的时间、培训地点、培训形式、参加培训教师的数量等情况。

3. 请介绍一下济南市农村中小学音乐教师参加过哪些课程内容的培训？效果如何？

4. 对教师培训的希望和建议。

附录二

济南市农村中小学音乐教师参与培训的问卷调查

尊敬的各位教师：

您好！本人正在进行关于济南市农村中小学音乐教师培训的调研，

为此，设计了这份调查问卷，诚请您能大力支持，在百忙之中完成这份问卷。济南市农村中小学音乐教师培训的开展，得到了各位教师的积极参与、支持和配合，相信在培训的过程中，各位教师都会有很大的收获。希望教师培训工作能多元化发展，不断完善，为各位教师提供更多的进修学习机会，因此，通过问卷调查的形式广泛征求各位教师的意见和建议，您的宝贵意见和建议，将对我的研究起到举足轻重的作用，对农村中小学音乐教师培训的发展有积极意义。本调查采用匿名的方式，对调查的具体内容进行严格的保密，仅作研究资料使用，在此，对于您的合作与支持表示诚挚的感谢！衷心祝您工作愉快，身体健康。

（请在适合您的答案下打"√"，有些问题可多项选择）

1. 您的年龄：

A、25 岁以下

B、25 岁～35 岁

C、35 岁～45 岁

D、45 岁以上

2. 您的学历：

A、高中

B、中专

C、大专

D、本科及以上

3. 您的职称：

A、三级教师

B、二级教师

C、一级教师

D、高级教师及以上

4. 您担任音乐教师的年限：

A、5 年及以下

B、6～10 年

C、11～20 年

D、20 年以上

5. 您是学校的：

A、专职音乐教师

B、兼职音乐教师

6. 您是否接受过专业的音乐学习：

A、接受过

B、没接受过

7. 您对学习音乐专业知识技能的需求程度：

A、非常需求

B、需要

C、不需要

8. 您参加教师培训的情况？

A、一年两次

B、一年一次

C、两年一次

D、没有参加过

9. 您为什么参加教师培训？

A、校方要求

B、教育主管部门组织

C、职称评定需要

D、自愿参与培训

10. 您所在的校方对音乐教师培训的重视程度：

A、非常重视

B、比较重视

C、一般重视

D、不重视

11. 您参加音乐教师培训的经费解决情况：

A、学校全报销

B、教育主管部门全报销

C、完全自理

D、学校报销部分，自己出部分

12. 您参加教师培训过程中的授课形式：

A、现场观摩

B、讲座

C、一对一教学

D、班级授课

13. 您认为目前的培训内容和形式存在哪些问题？

A、内容单一、过于强调知识专业化和理论化

B、对中小学实际教学指导意义不大

C、授课形式单一、教学方式主要是填鸭式

D、培训时间短、培训内容没有延续性

14. 您希望接受培训的内容：

A、单项音乐专业知识与技能学习

B、电脑和多媒体技术能力

C、音乐基础理论的普及及教学

D、先进的教学法

E、多样化音乐专业的培训

15. 您希望接受哪些音乐专业的学习：

A、声乐(美声、民声、通俗演唱、合唱)

B、器乐(钢琴、民乐、管弦乐、打击乐)

C、教学法学习

D、音乐理论(乐理知识、视唱练耳、和声)

E、其他专业(指挥、即兴伴奏、作品分析、作曲)

16. 您认为制约音乐教师培训的主要因素是什么？

A、教师培训经费缺乏、培训机会少

B、培训时间安排不合理，工作与学习存在矛盾

C、培训基地不规范，培训质量不高

D、领导不支持

17. 您对教师培训的其他意见或建议。(请具体填写)